THE LEARNABLES®

BOOK 2

Harris Winitz

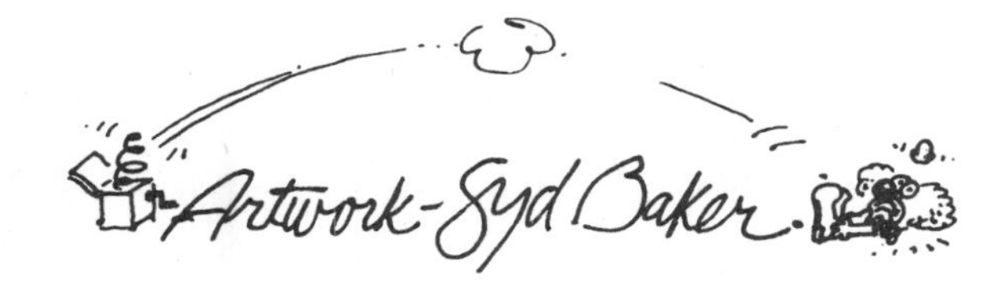

ISBN 1-887371-44-3

The Learnables®, Book 2
Fifth edition

Book to be used with audio recordings.

Book 2 is the second book of **The Learnables®** series. In Book 2, the sentence structure and vocabulary build on Book 1. You will acquire an additional 400 words and be able to understand moderately basic sentence patterns. Do not hestitate to review occasionally the last few lessons of Book 1.

Use with audio recordings marked:

Programs
11 - 12
13 - 14
15 - 16
17 - 18
19 - 20
X19 - X20

THE LEARNABLES® is an effective approach for learning a foreign language. You will learn 1500 words in the first 20 hours of lessons. You will learn easily and effortlessly. There are no grammatical drills to practice. There is no vocabulary to memorize. You will learn in the same way that you learned your first language. By listening and absorbing the language, you will soon think in the foreign language.

Here is how **THE LEARNABLES®** works. Each lesson contains 100 programmed frames. The number of each item is said in the foreign language you are learning. Look at each picture and listen to each sentence. You will understand the foreign language without difficulty.

HOW TO TAKE THE LESSONS

1. Take each lesson two to four times. Take at least a fifteen minute break between lessons.

2. Do not repeat the words out loud. Repeating out loud will not help you understand the language. It may even cause you to have an accent. Good speech requires good listening.

3. Do not be concerned with how the words are spelled. Knowing the spelling will cause you to hear the words as they are spelled and not as they sound.

4. Do not be concerned that words do not appear below each picture. Understanding precedes reading.

5. Do not replay an item which you do not understand. Listen to the entire lesson without rewinding the tape recorder to hear a word or sentence again. Words like "again," "nice," "beautiful," "tomorrow," and "play" can only be understood after you experience them a number of times. Each word occurs many times. You will grasp the meaning of each word automatically as long as you continue to listen.

6. Play each lesson at least once without looking at the pictures. Listen as you are riding in your car or doing other activities. At this point you will understand the stories without difficulty.

7. At the end of each two lessons is a test consisting of ten items. Select the correct picture from among three pictures by circling the correct number. The test items are framed by double lines. The answer key is on page 58. If you answer eight of the ten picture questions correctly, after you have taken each lesson at least twice, you are ready to begin the next lesson.

Table of Contents

Book 2

11
1
2
3
4
5
6
7
8
9
10
1
2
3
4
5
6
7
8
9
10
1

1
2
3
4
5
6
7
8
9
10
1
2
3
4
5
6
7
8
9
10
1
2
3
4
2

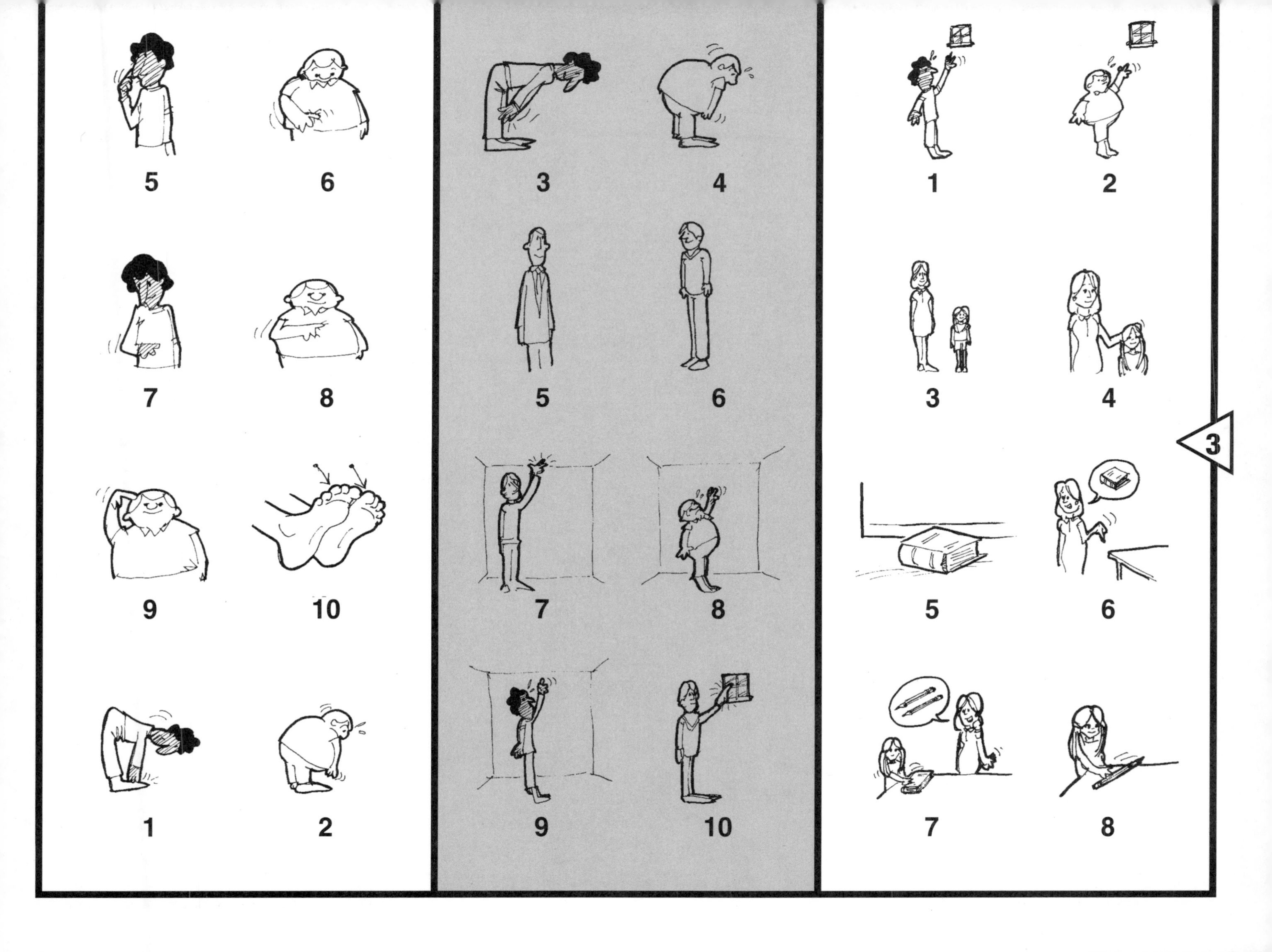

5
6
7
8
9
10
1
2
3
4
5
6
7
8
9
10
1
2
3
4
5
6
7
8
3

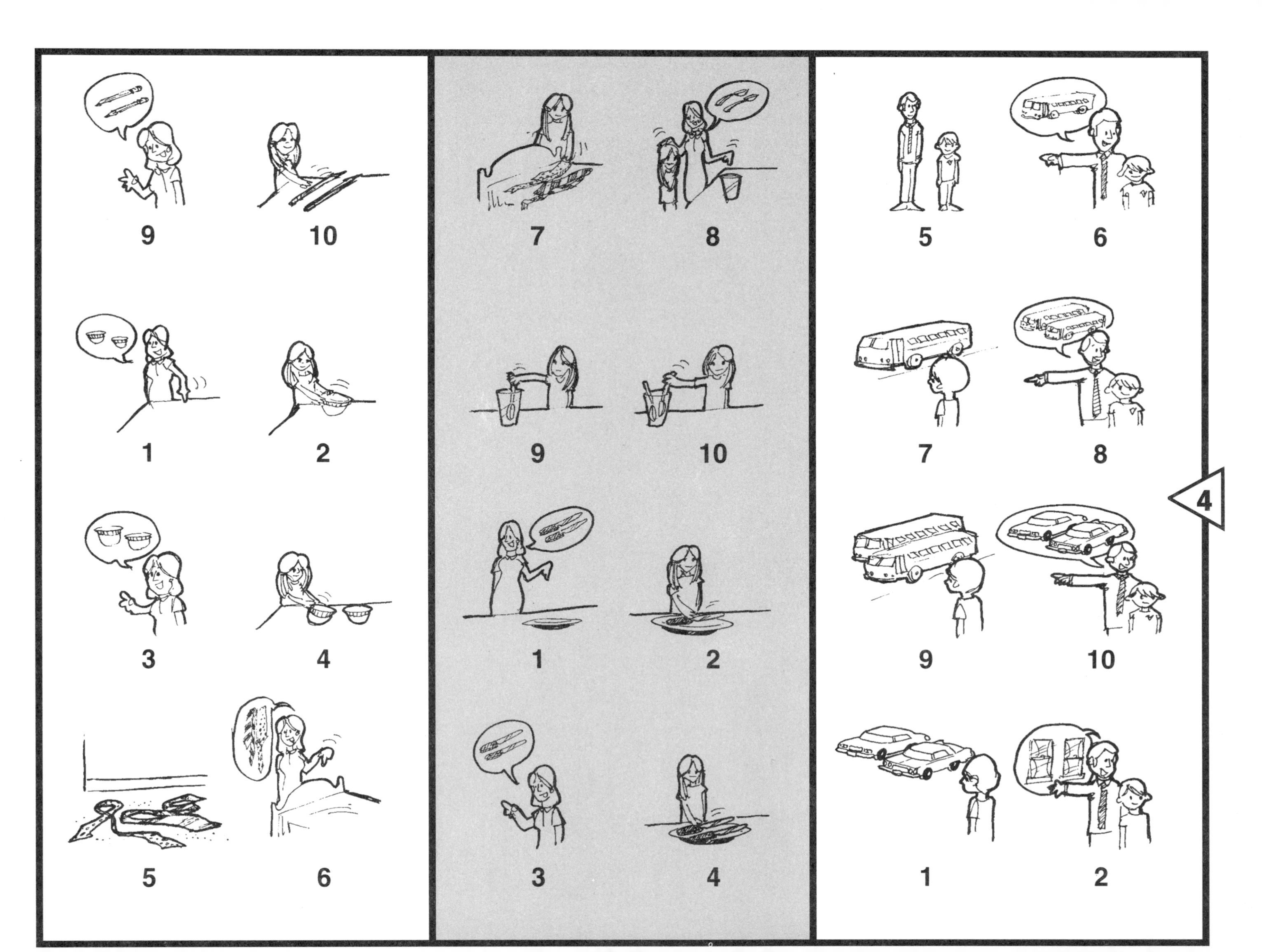
9
10
1
2
3
4
5
6
7
8
9
10
1
2
3
4
5
6
7
8
9
10
1
2
4

3
4
5
6
7
8
9
10

12
1
2
3
4

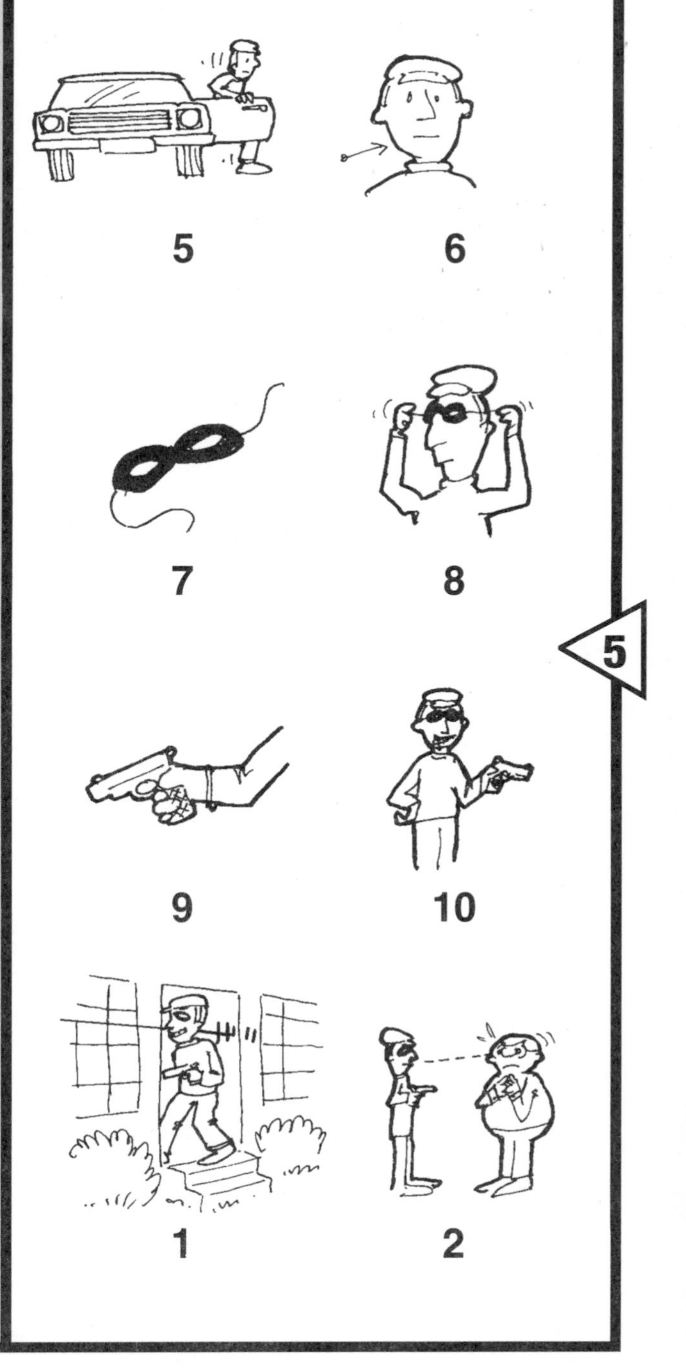
5
6
7
8
5
9
10
1
2

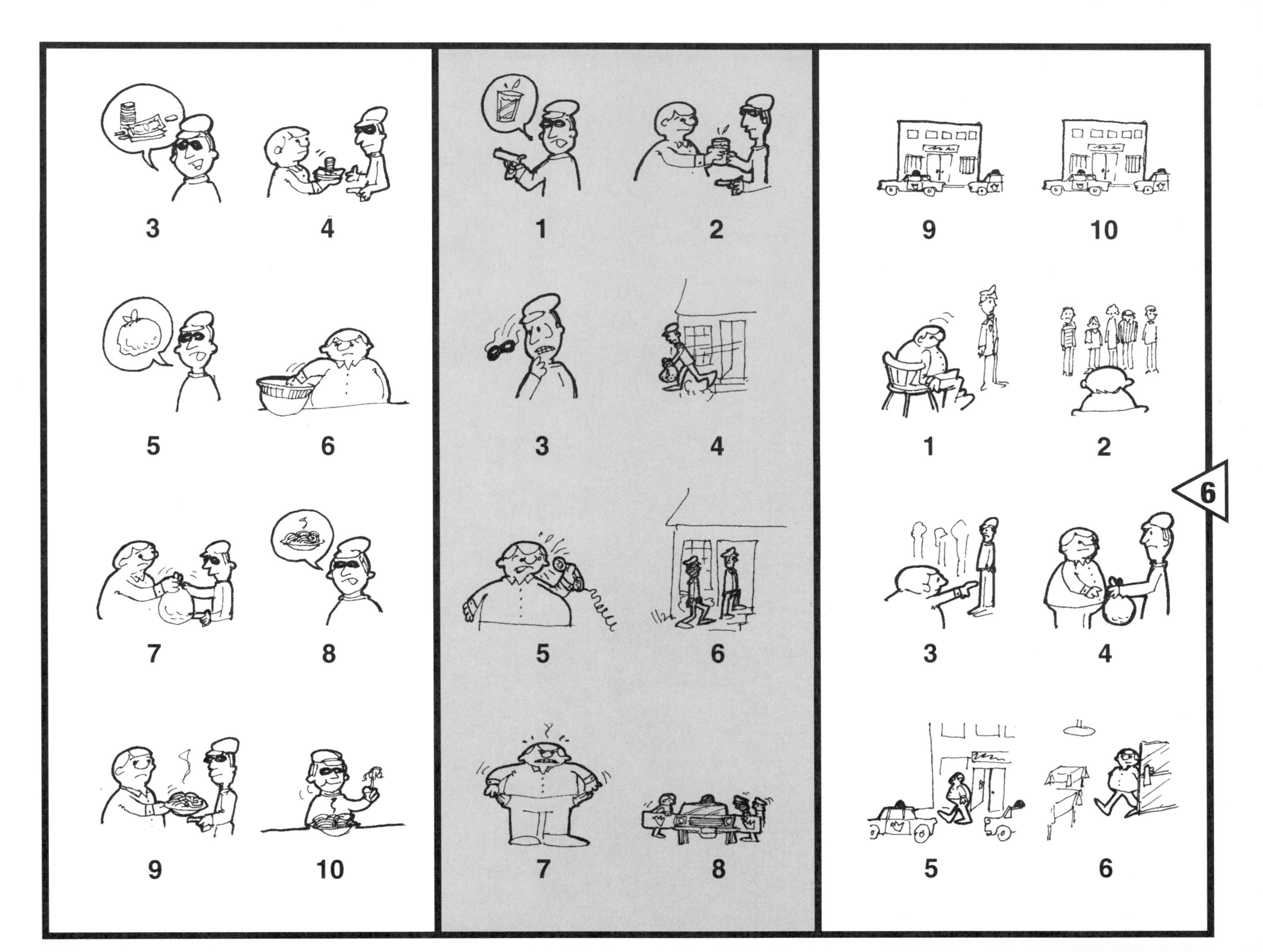

3
4
5
6
7
8
9
10
1
2
3
4
5
6
7
8
9
10
1
2
6
3
4
5
6

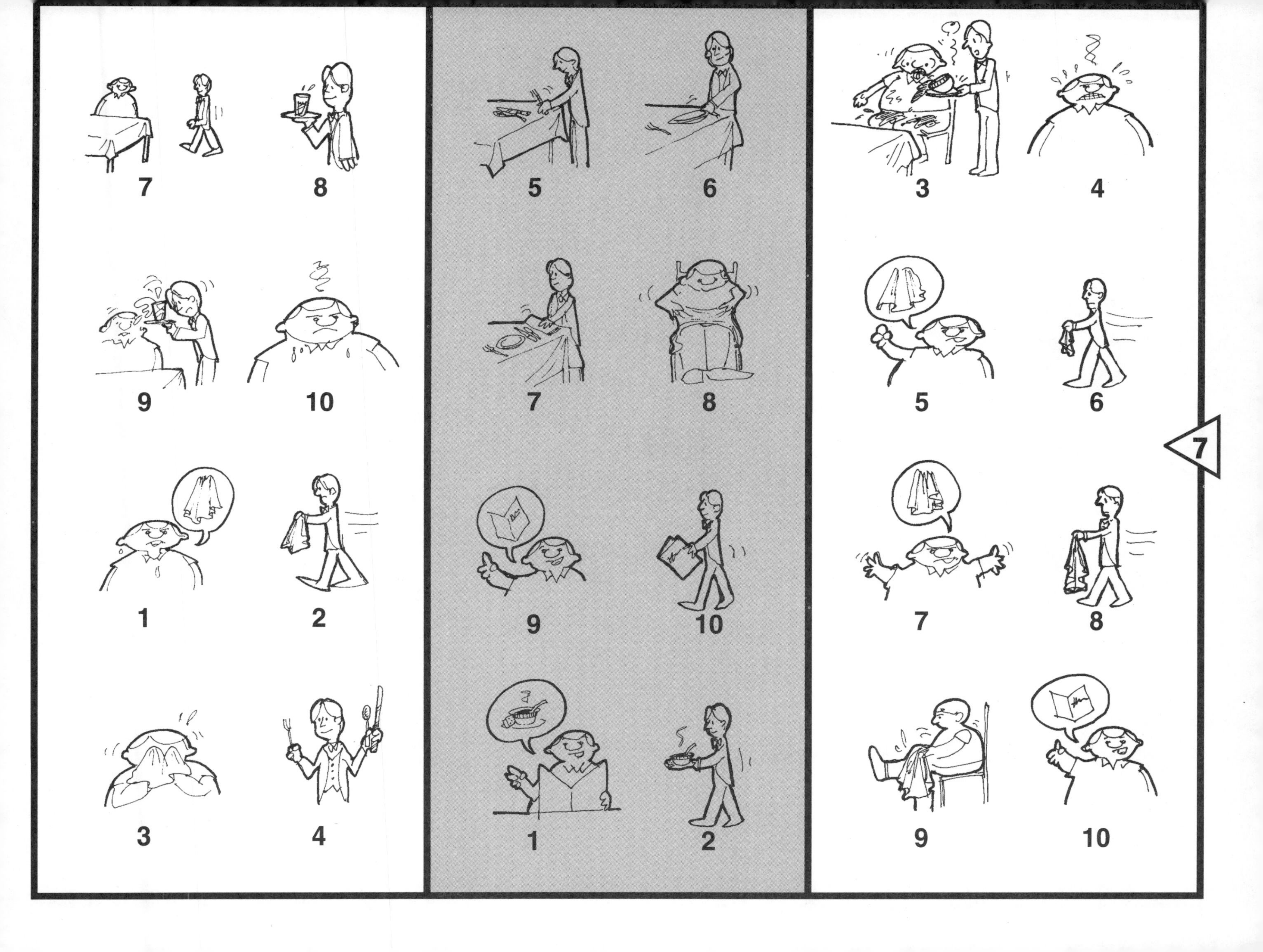
7
8
9
10
1
2
3
4
5
6
7
8
9
10
1
2
3
4
5
6
7
8
9
10
7

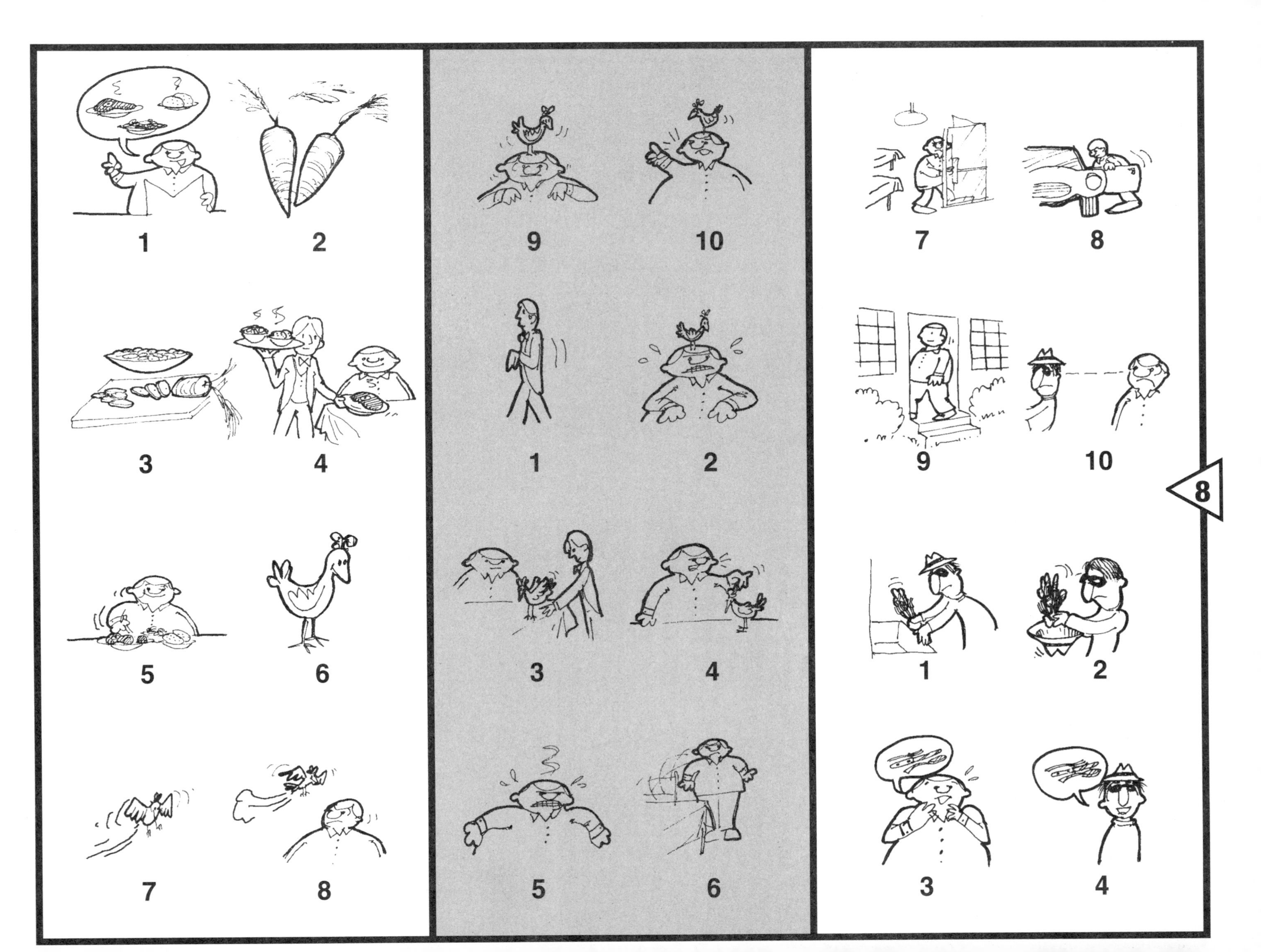
1
2
3
4
5
6
7
8
9
10
1
2
3
4
5
6
7
8
9
10
1
2
3
4
8

5
1
2
3
6
1
2
3
9
1
2
3
10
1
2
3
7
1
2
3
8
1
2
3
13
1
2
3
4
10
5
6
7
8

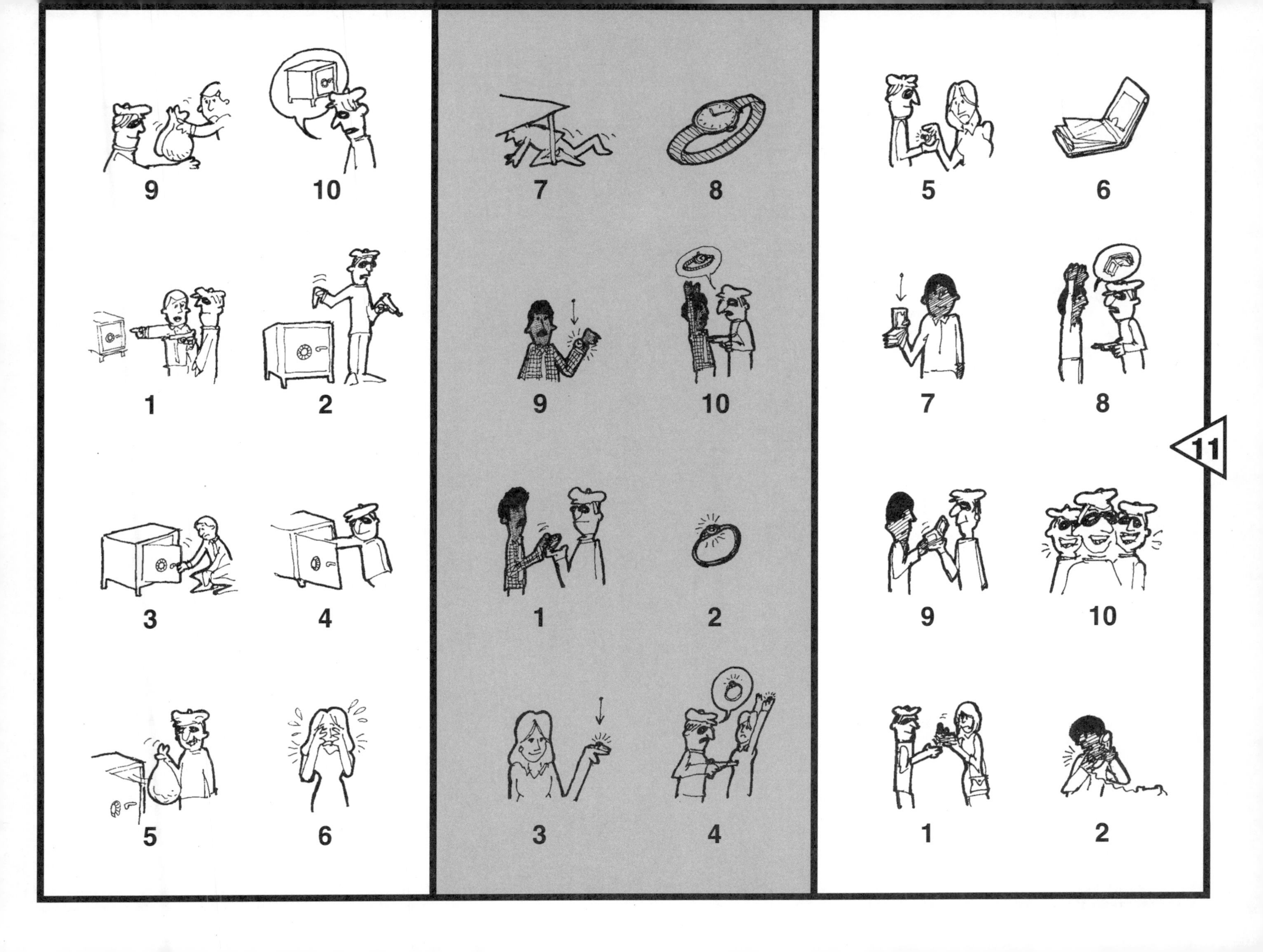
9
10
1
2
3
4
5
6
7
8
9
10
1
2
3
4
5
6
7
8
9
10
1
2
11

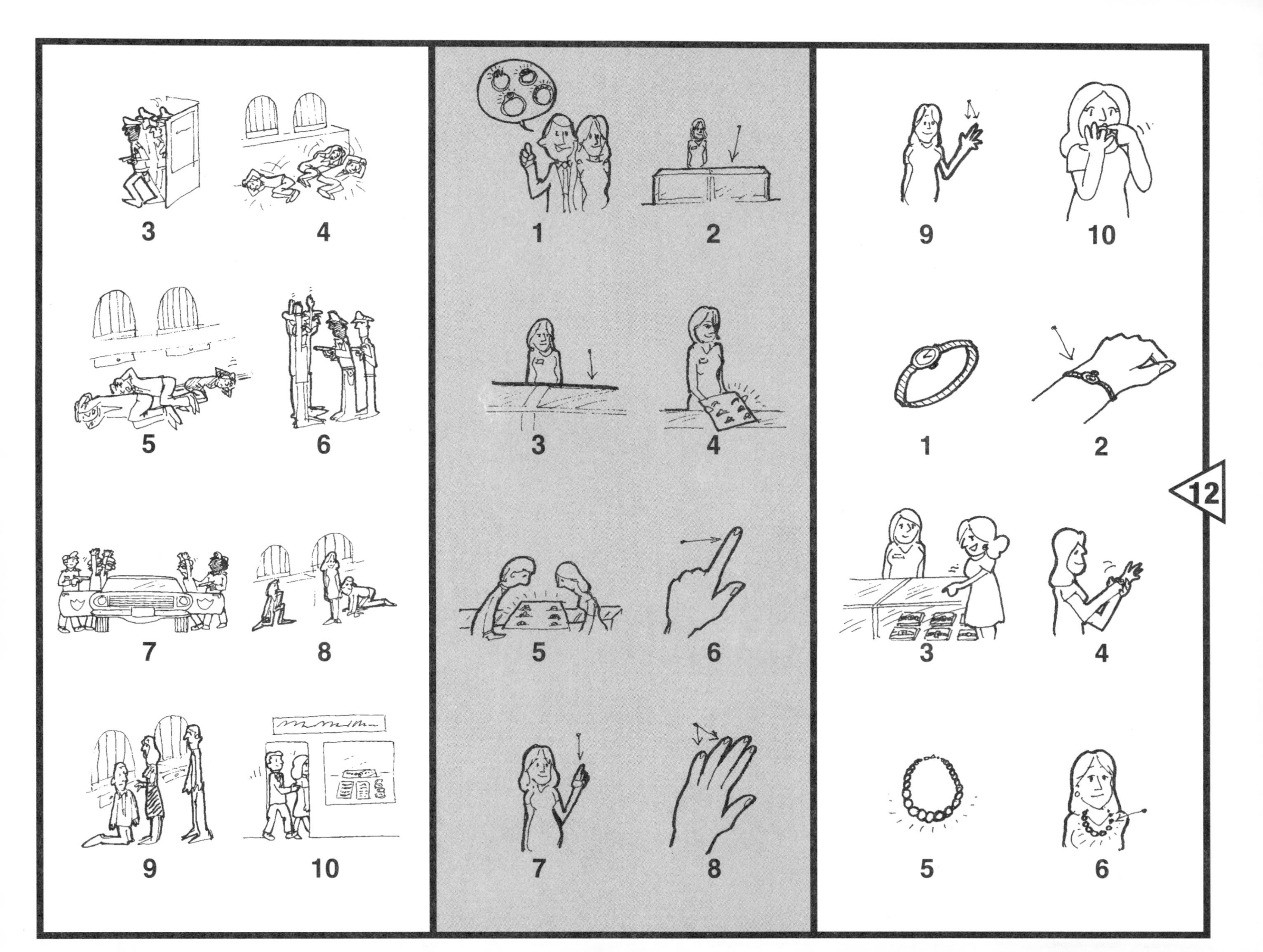

3
4
5
6
7
8
9
10
1
2
3
4
5
6
7
8
9
10
1
2
3
4
5
6
12

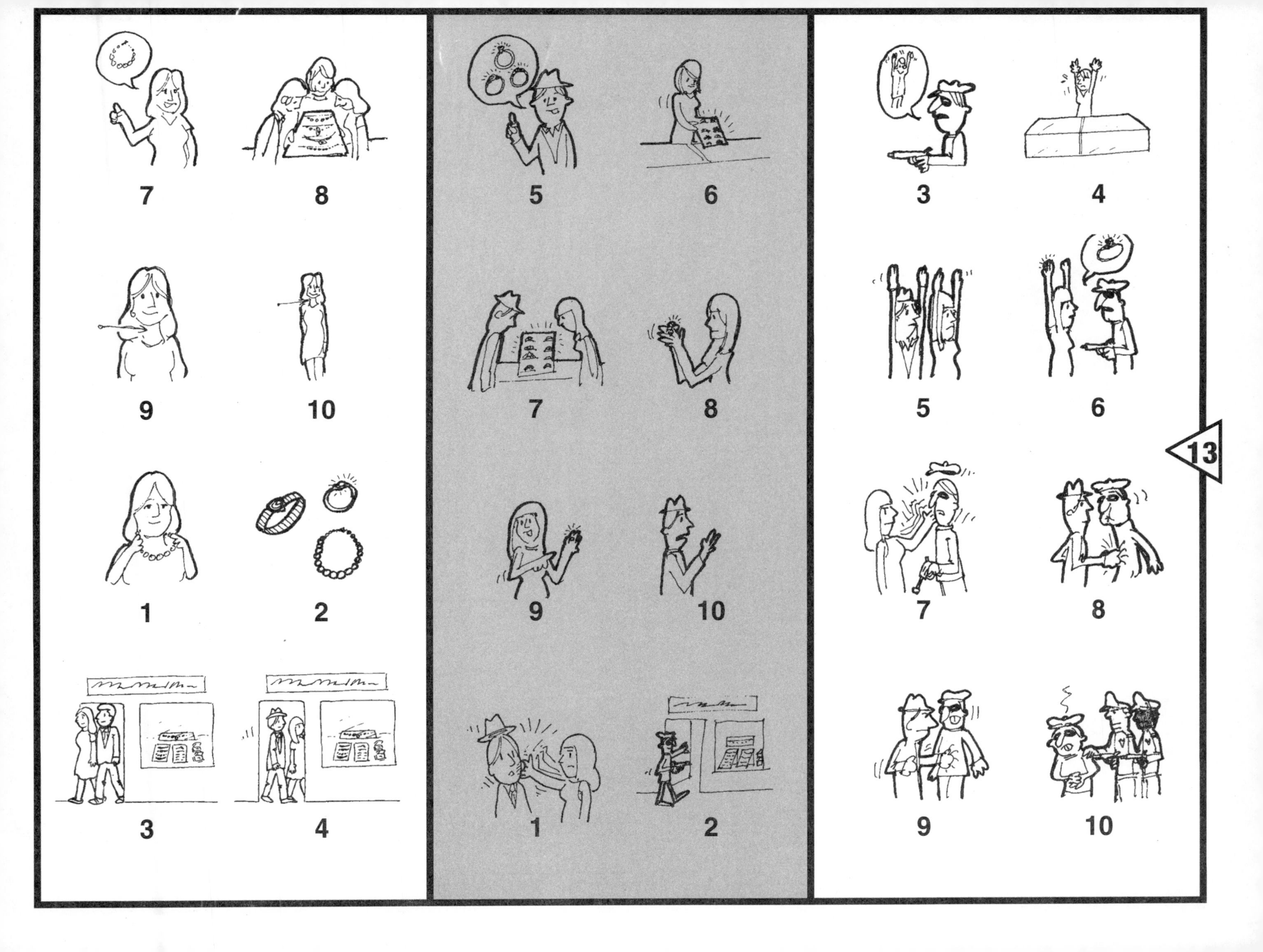
7
8
9
10
1
2
3
4
5
6
7
8
9
10
1
2
3
4
5
6
7
8
9
10
13

1
2
3
4
5
6
7
8
9
10
1
2
3
4
5
6
7
8
9
10
14
14

1
2
3
4
5
6
7
8
9
10
1
2
3
4
5
6
7
8
9
10
1
2
3
4
15

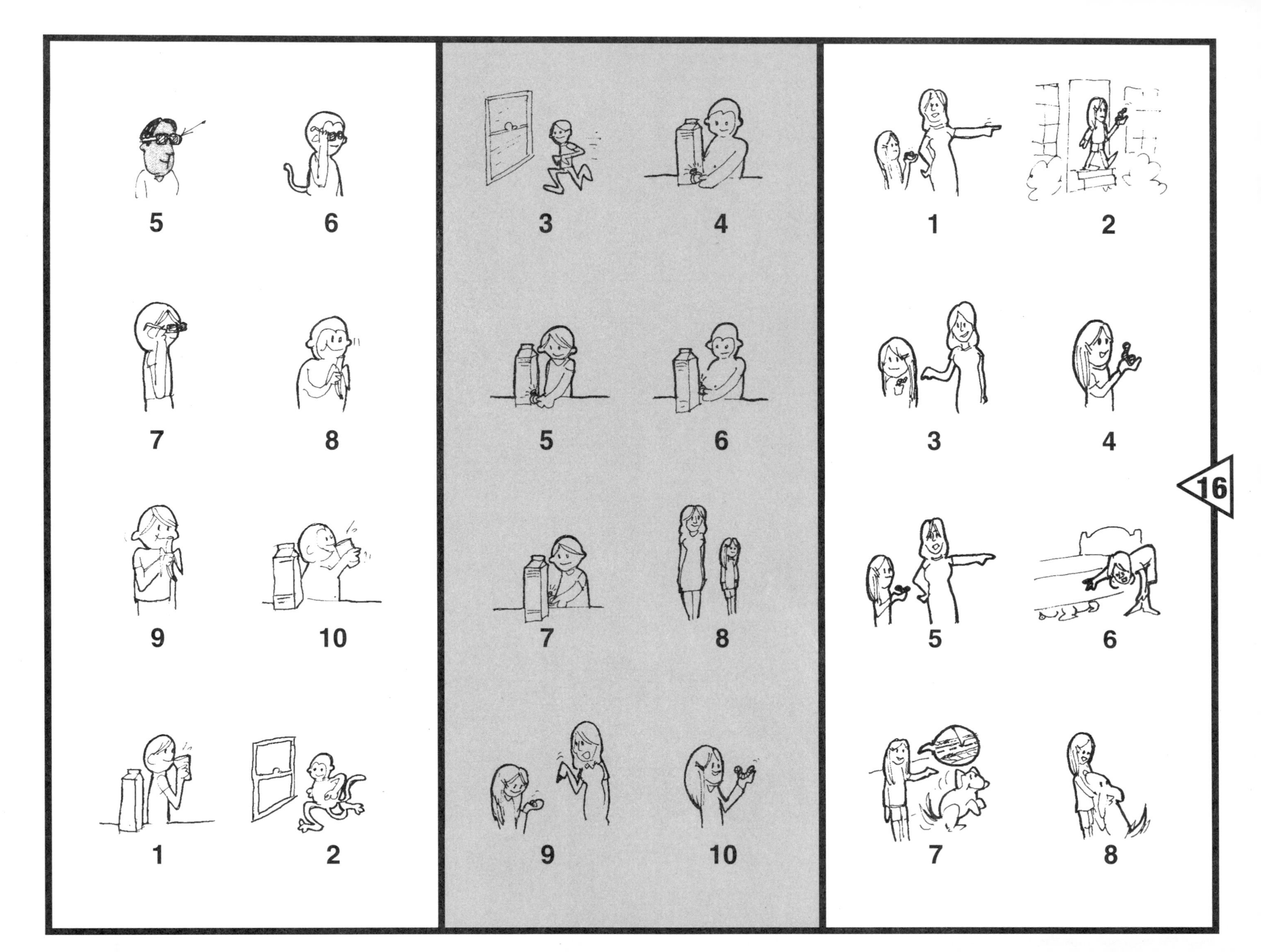
5
6
7
8
9
10
1
2
3
4
5
6
7
8
9
10
1
2
3
4
16
5
6
7
8

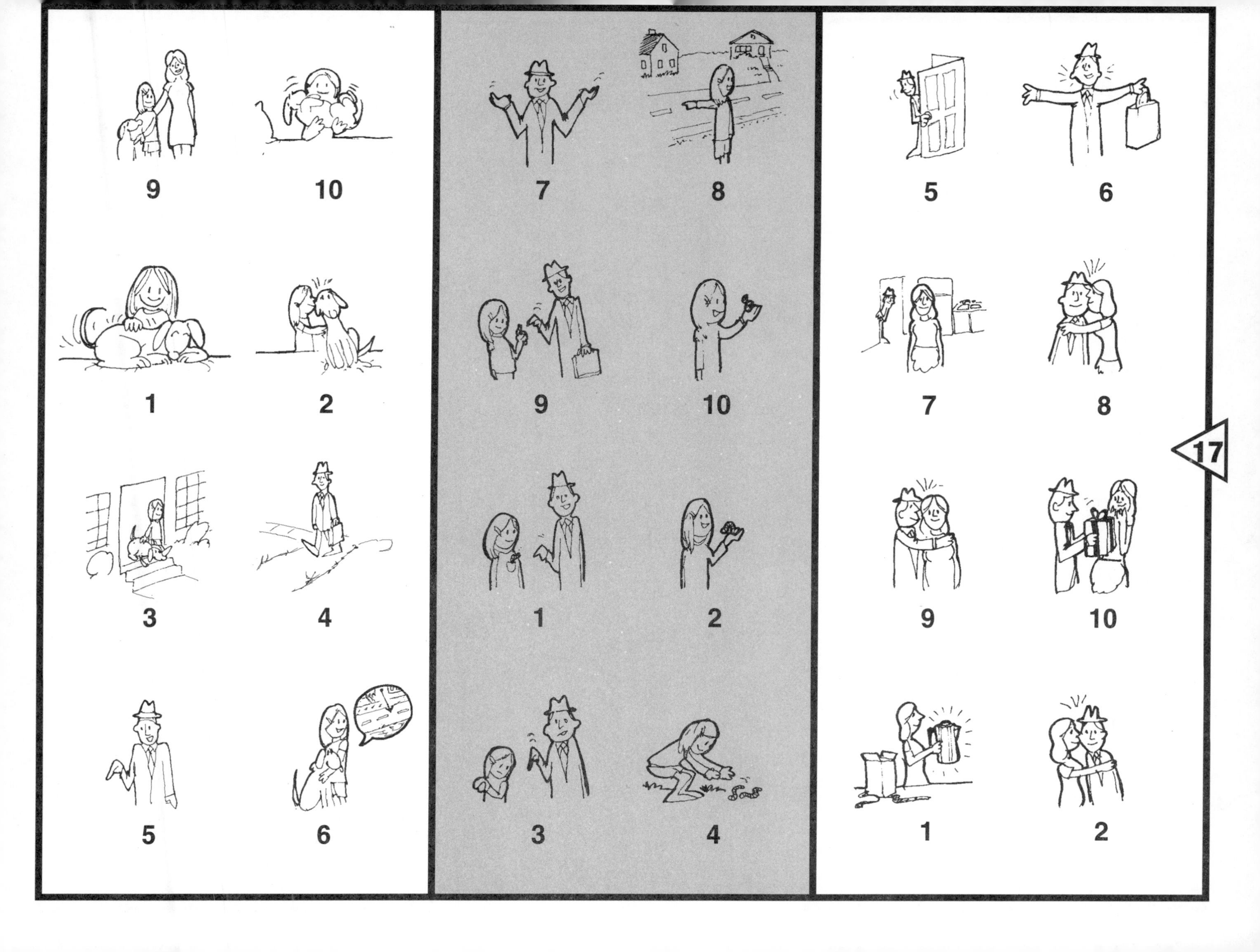
9
10
1
2
3
4
5
6
7
8
9
10
1
2
3
4
5
6
7
8
9
10
1
2
17

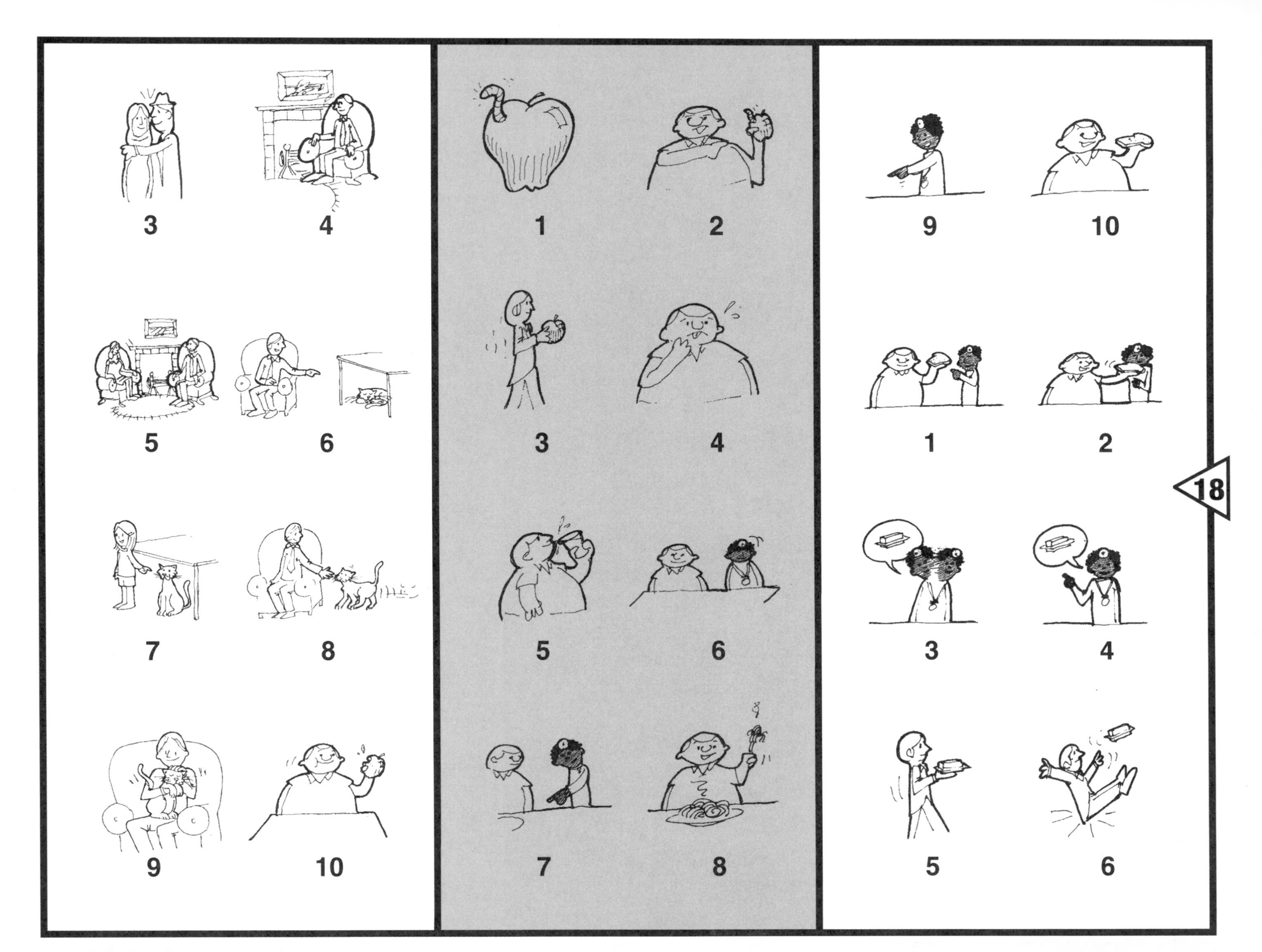

3
4
5
6
7
8
9
10
1
2
3
4
5
6
7
8
9
10
1
2
3
4
5
6
18

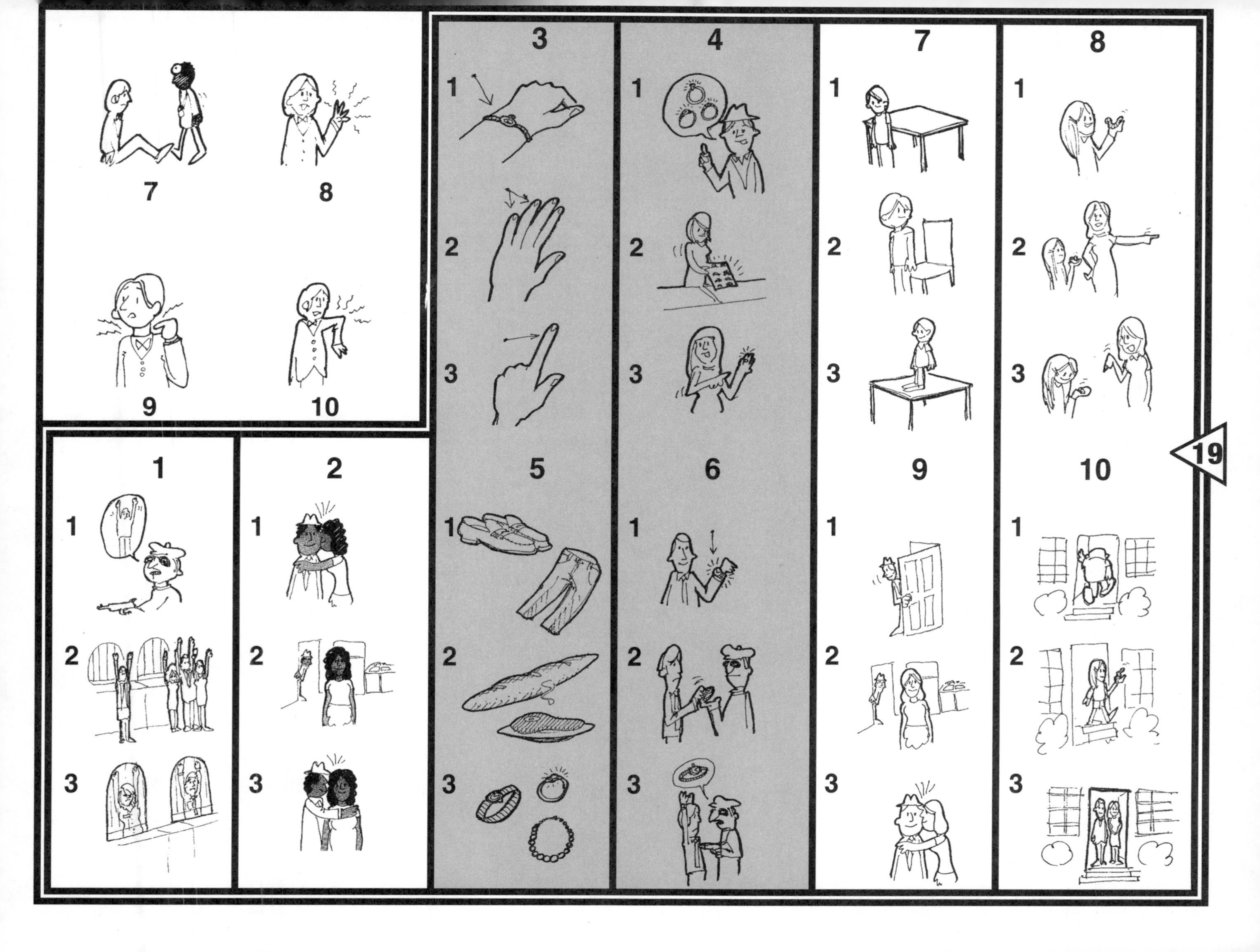
7
8
9
10
3
1
2
3
4
1
2
3
7
1
2
3
8
1
2
3
1
1
2
3
2
1
2
3
5
1
2
3
6
1
2
3
9
1
2
3
10
1
2
3
19

15
1
2
3
4
5
6
7
8
9
10
1
2
3
4
5
6
7
8
9
10
20

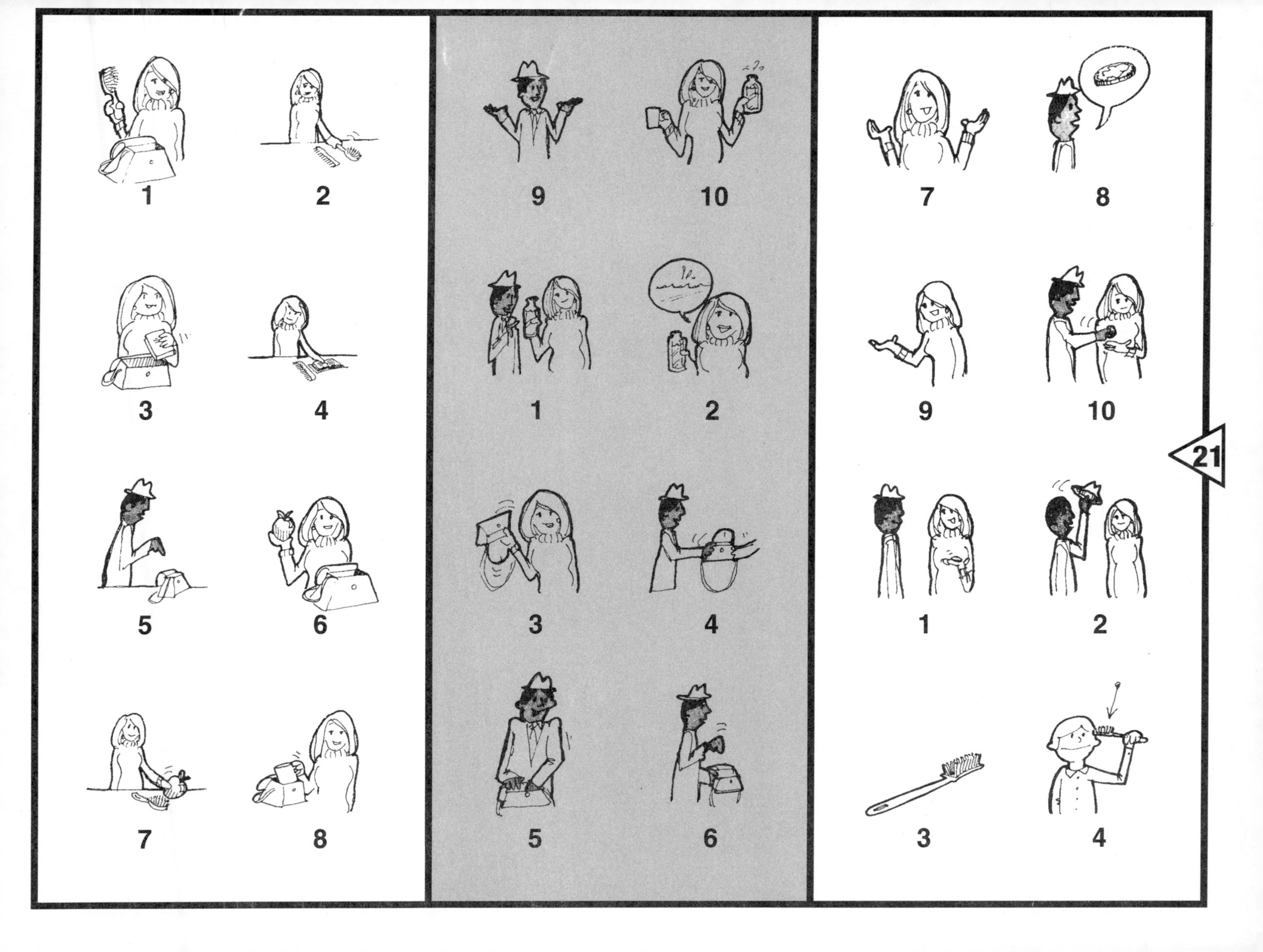

1 2 9 10 7 8
3 4 1 2 9 10
21
5 6 3 4 1 2
7 8 5 6 3 4

5
6
7
8
9
10
1
2
3
4
5
6
7
8
9
10
1
2
3
4
5
6
7
8
22

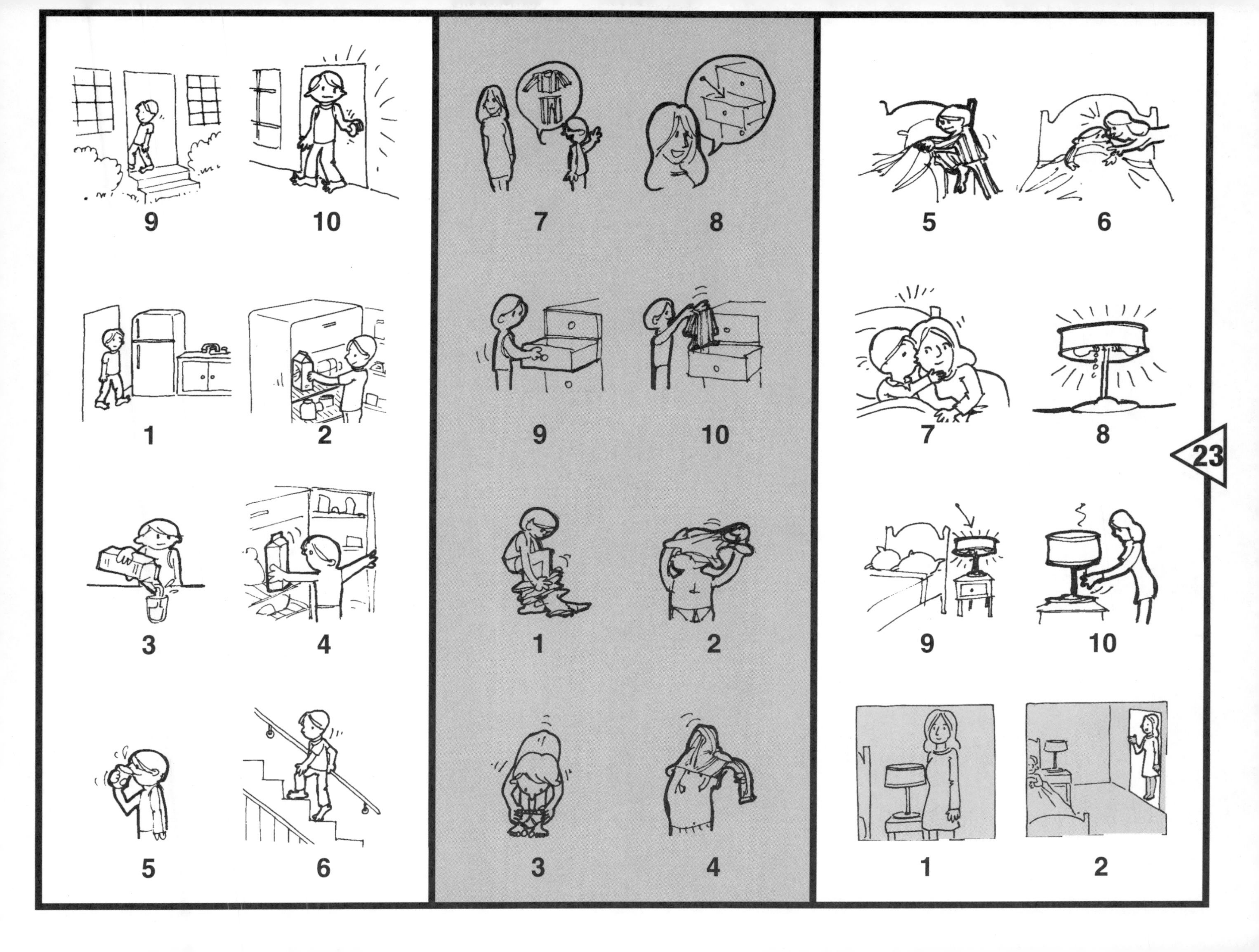
9
10
1
2
3
4
5
6
7
8
9
10
1
2
3
4
5
6
7
8
9
10
1
2

16
3
4
5
6
7
8
9
10
1
2
3
4
5
6
7
8
24
9
10
1
2

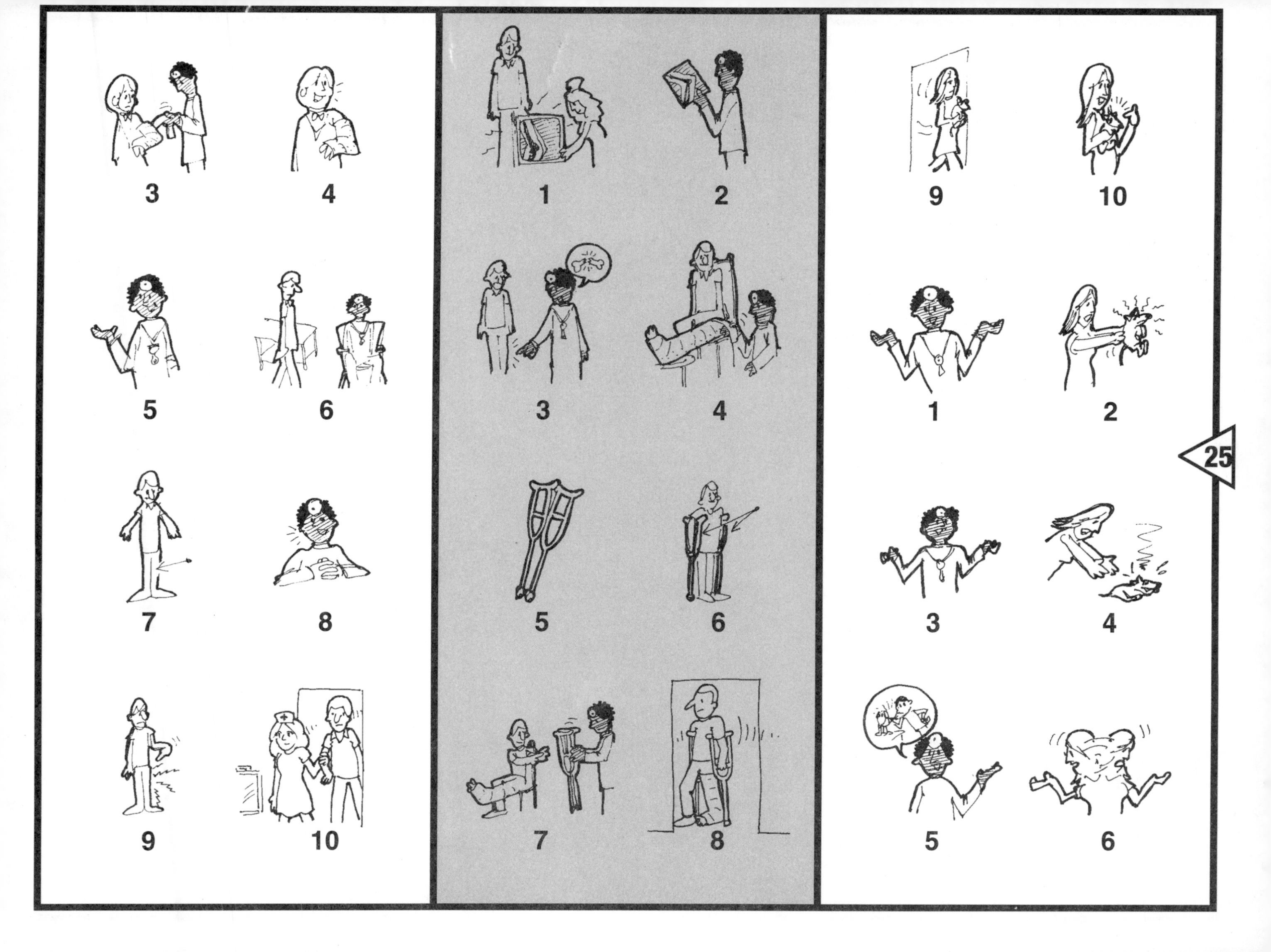

3
4
5
6
7
8
9
10
1
2
3
4
5
6
7
8
9
10
1
2
25
3
4
5
6

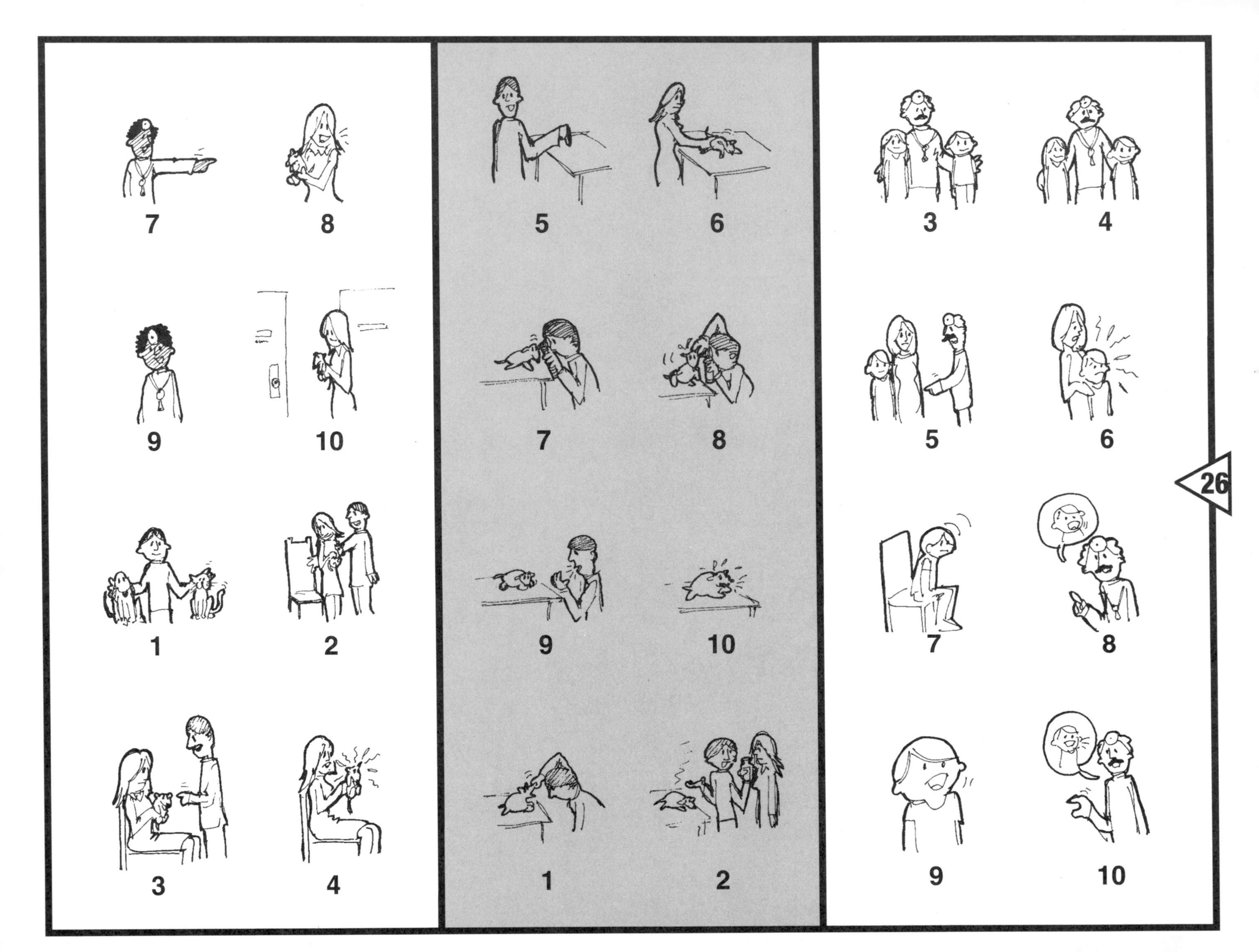
7
8
9
10
1
2
3
4
5
6
7
8
9
10
1
2
3
4
5
6
7
8
9
10
26

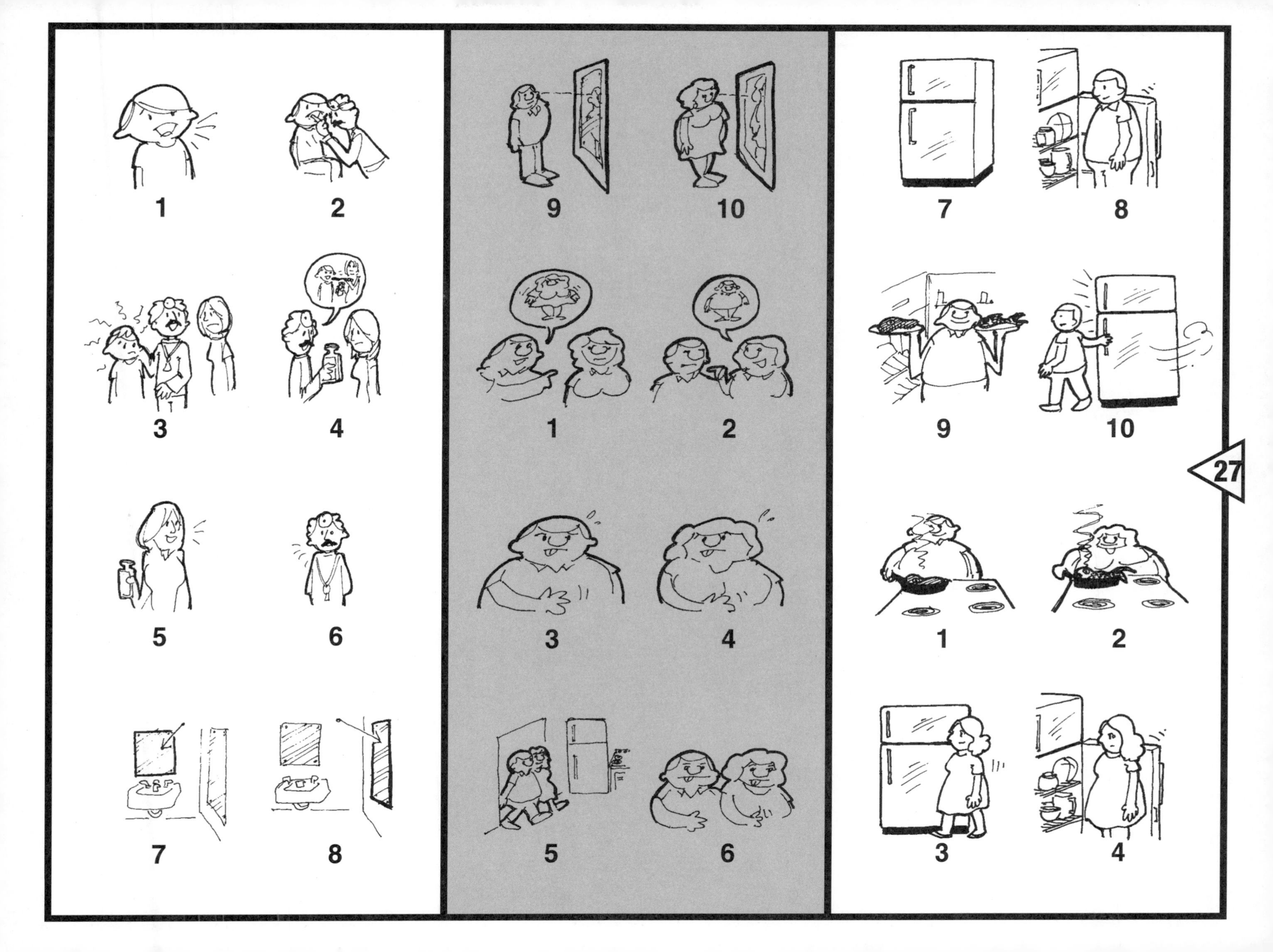
1
2
3
4
5
6
7
8
9
10
1
2
3
4
5
6
7
8
9
10
1
2
3
4

5
6
7
8
9
10
1
2
3
4
5
6
7
8
9
10
1
1
2
3
2
1
2
3
3
1
2
3
4
1
2
3

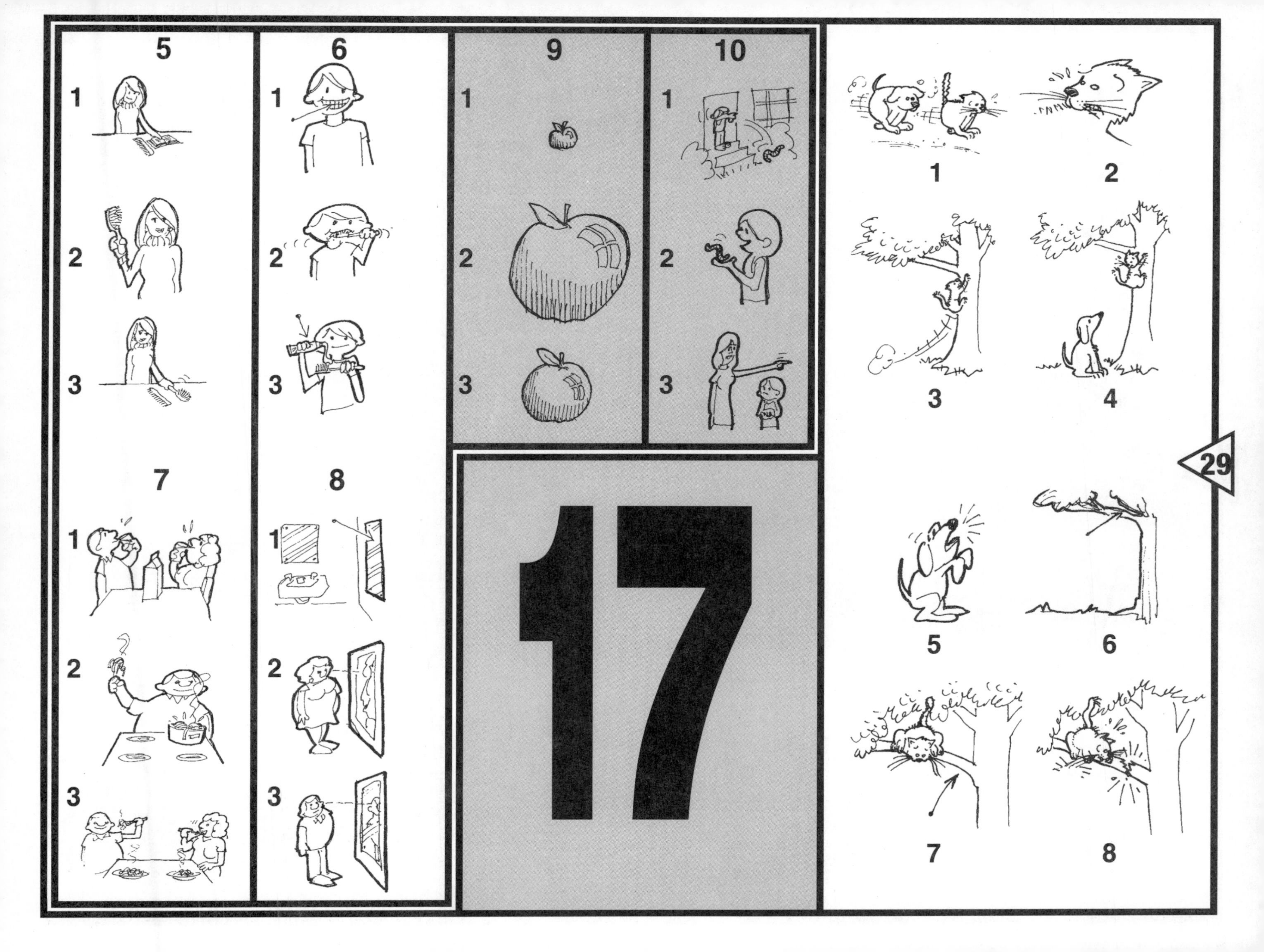
5
1
2
3
6
1
2
3
9
1
2
3
10
1
2
3
7
1
2
3
8
1
2
3
17
1
2
3
4
5
6
7
8
29

9
10
1
2
3
4
5
6
7
8
9
10
1
2
3
4
5
6
7
8
9
10
1
2
30

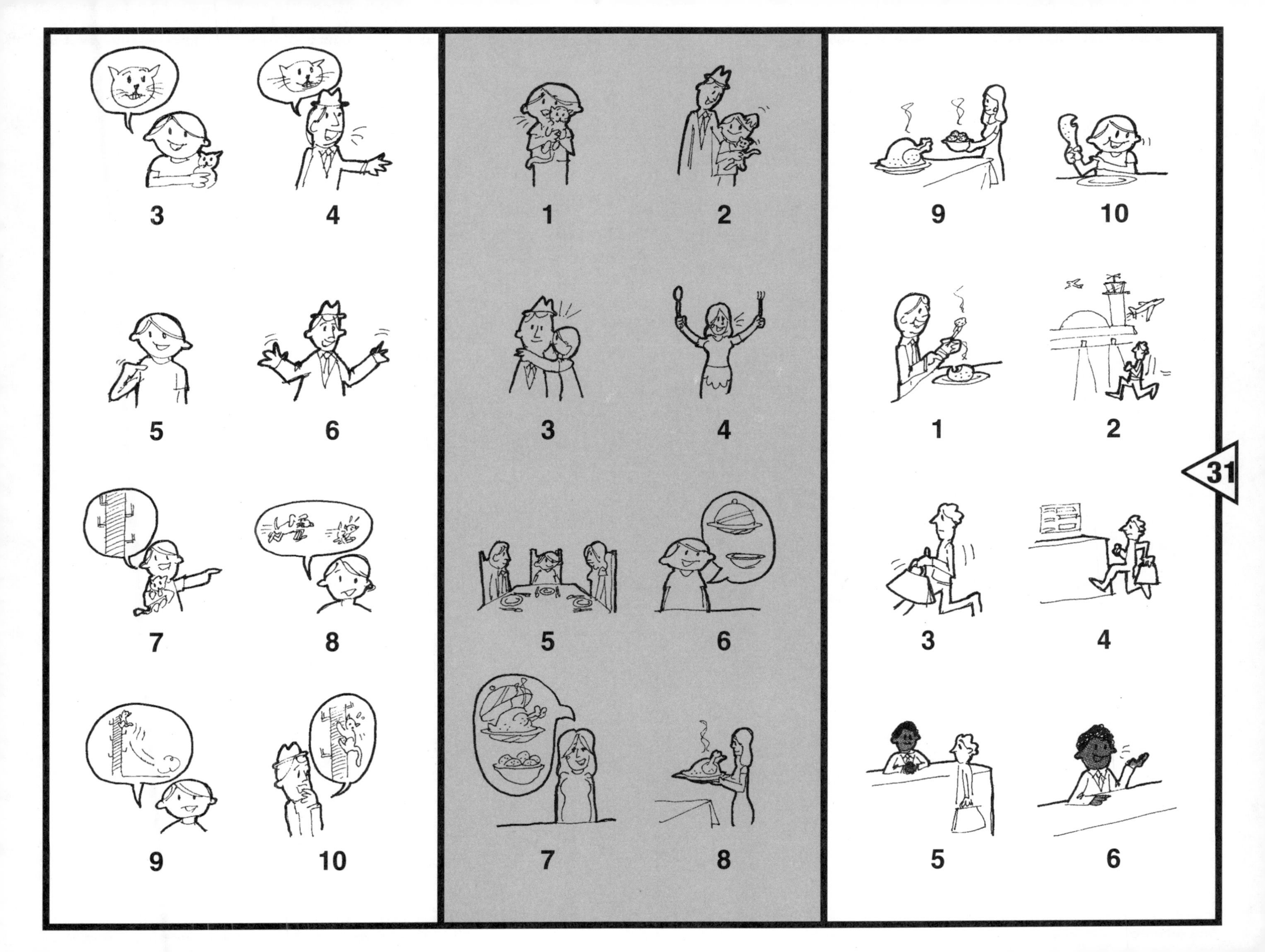

3
4
5
6
7
8
9
10
1
2
3
4
5
6
7
8
9
10
1
2
3
4
5
6

7
8
9
10
1
2
3
4
5
6
7
8
9
10
1
2
3
4
5
6
7
8
9
10

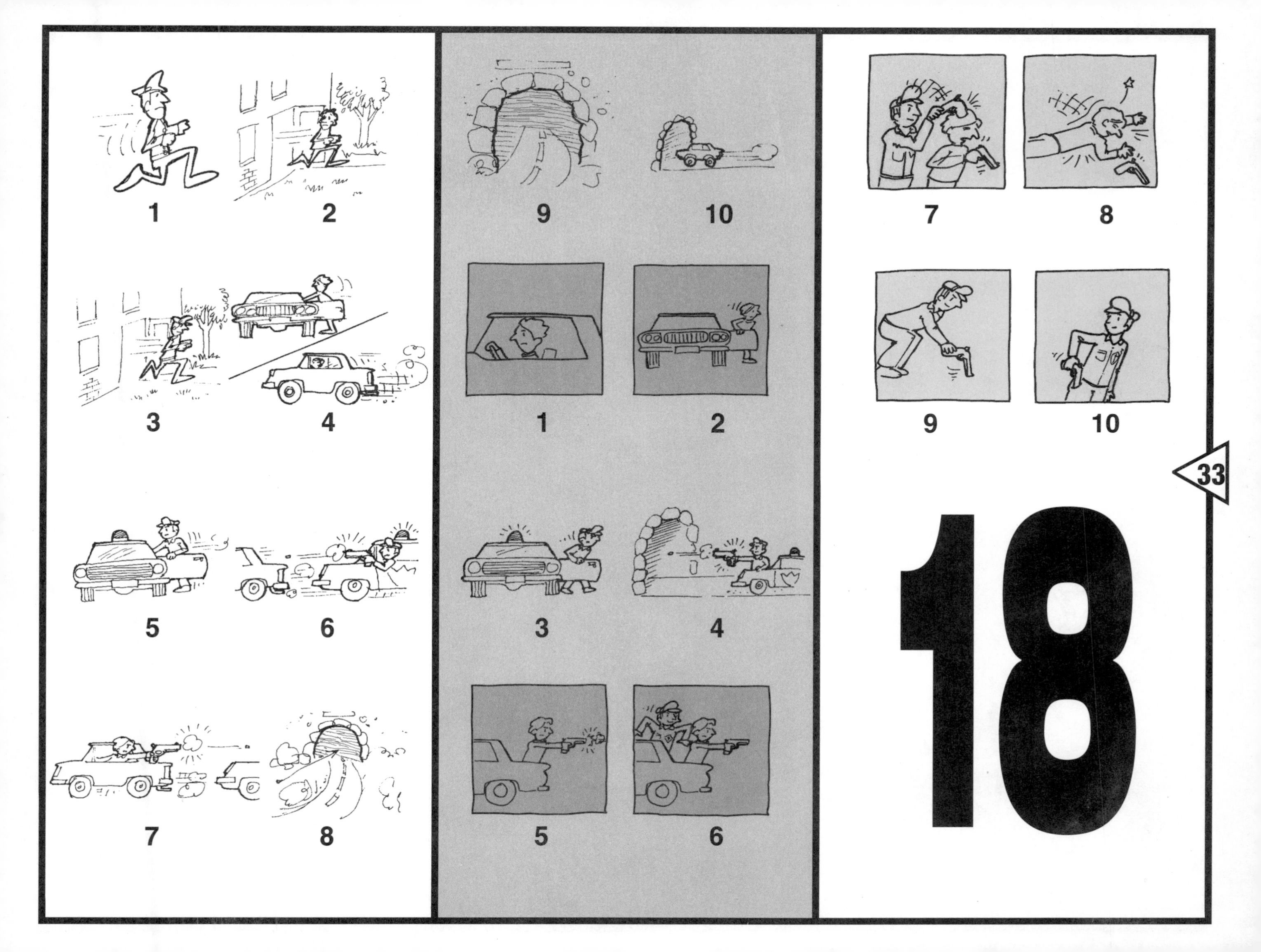
33
18

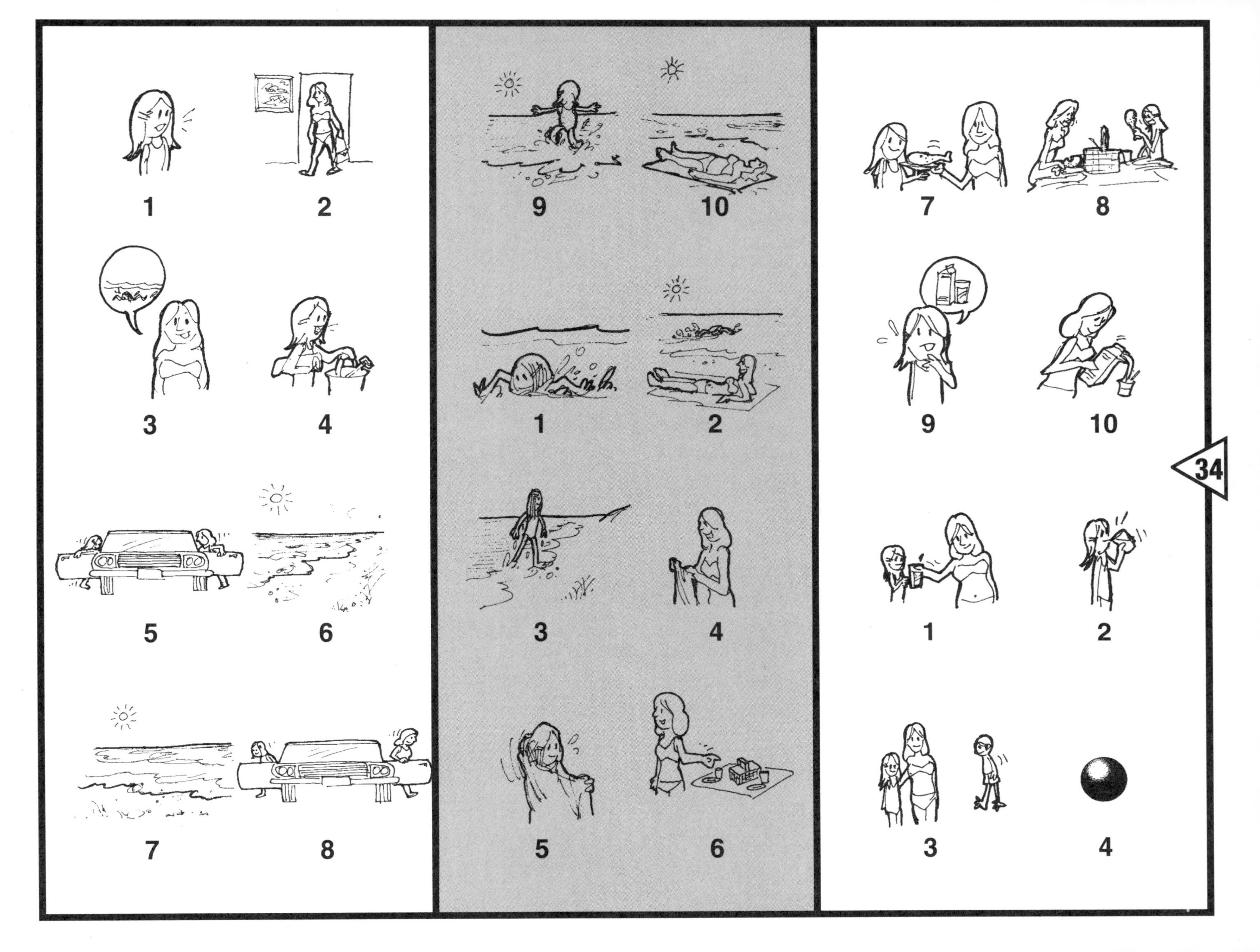
1
2
3
4
5
6
7
8
9
10
1
2
3
4
5
6
7
8
9
10
1
2
3
4
34

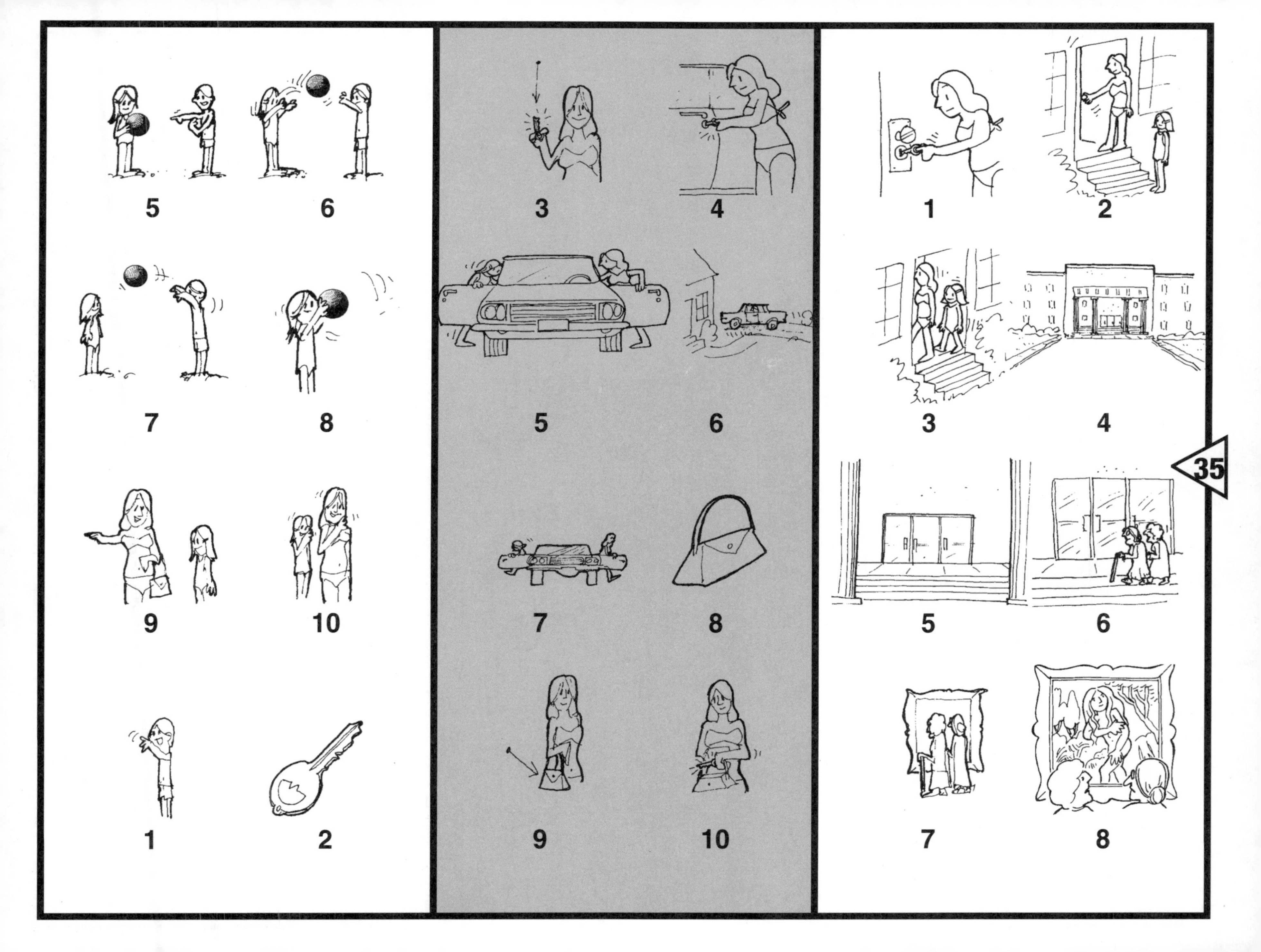
5
6
7
8
9
10
1
2
3
4
5
6
7
8
9
10
1
2
3
4
35
5
6
7
8

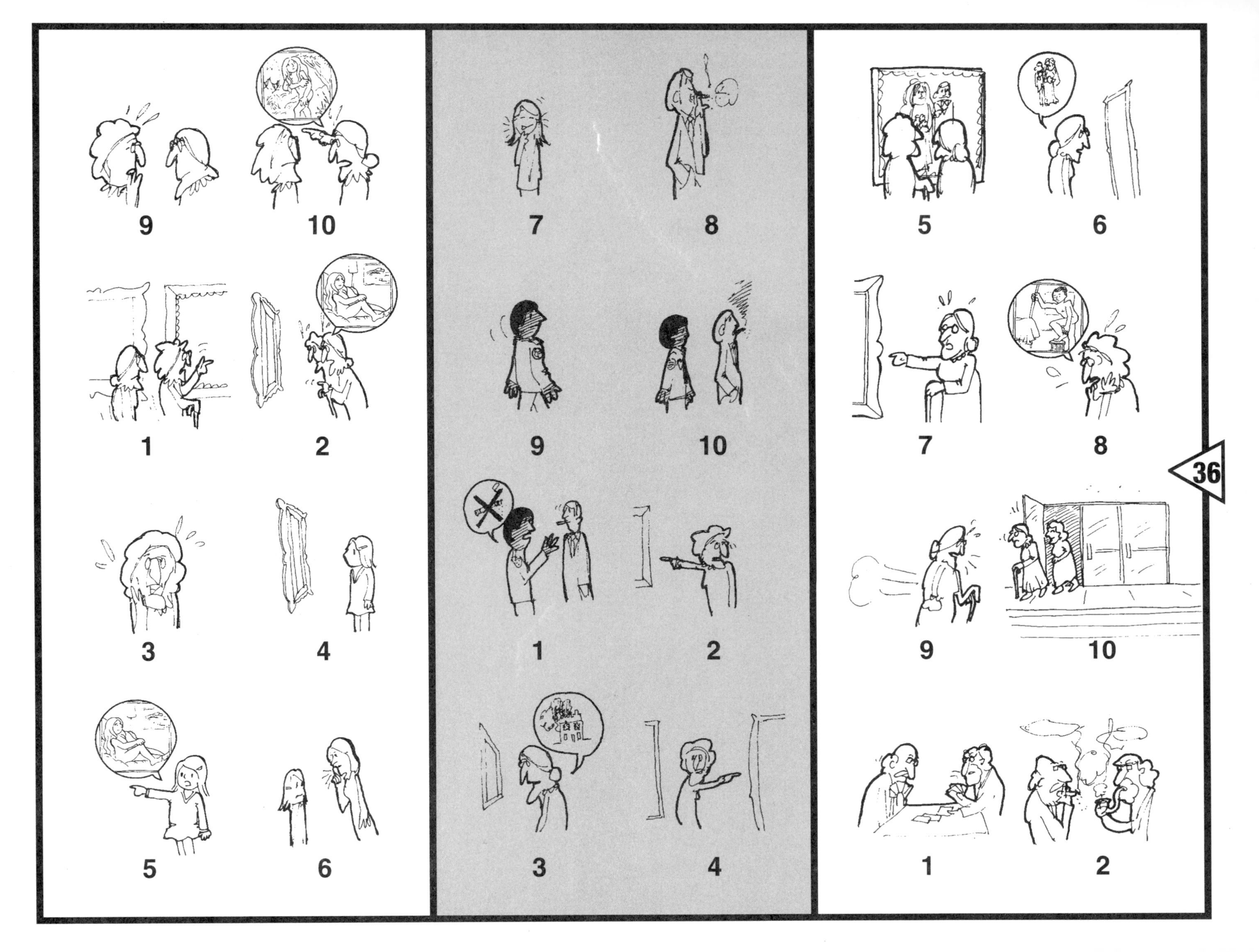
9
10
1
2
3
4
5
6
7
8
9
10
1
2
3
4
5
6
7
8
9
10
1
2
36

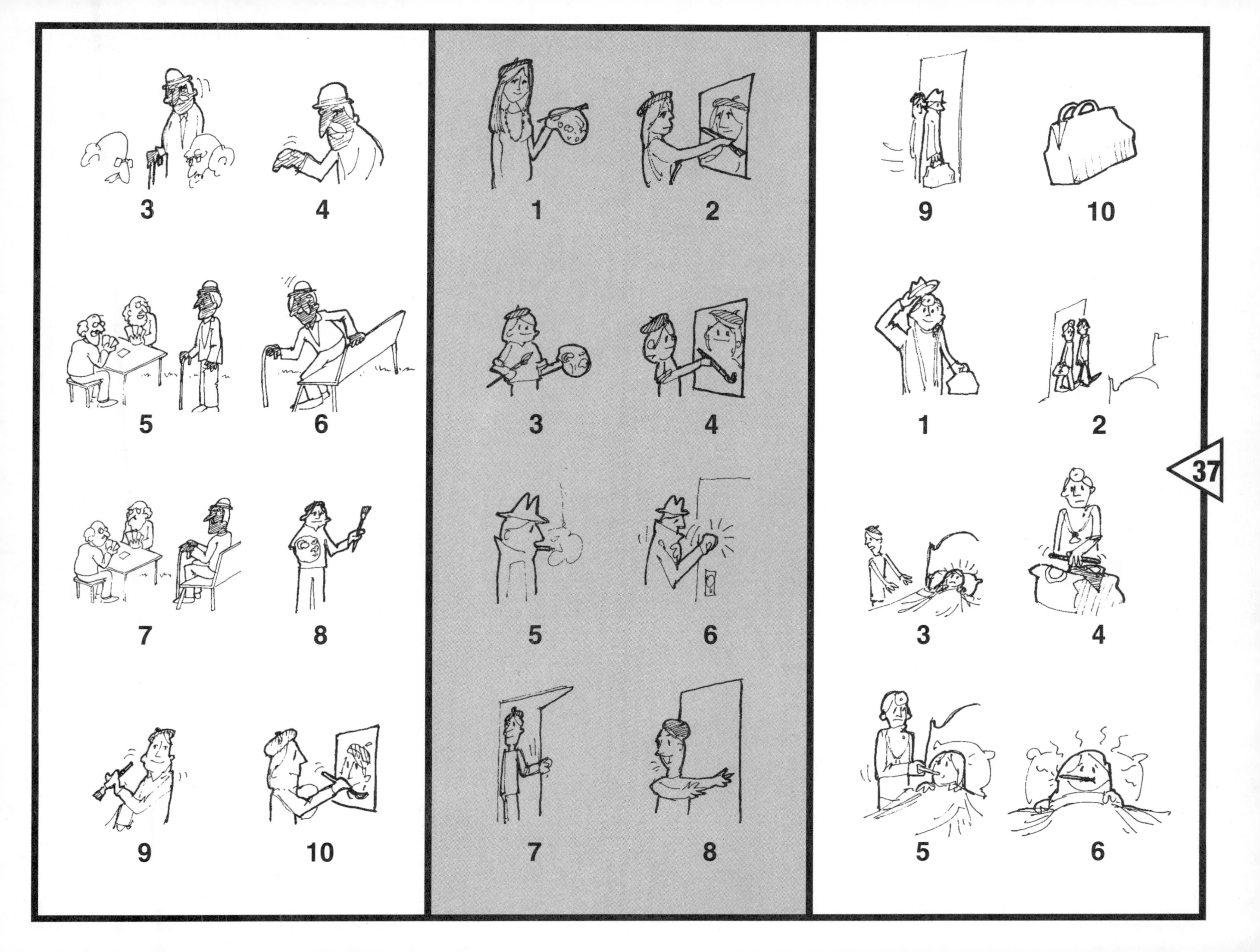
3
4
5
6
7
8
9
10
1
2
3
4
5
6
7
8
9
10
1
2
3
4
5
6

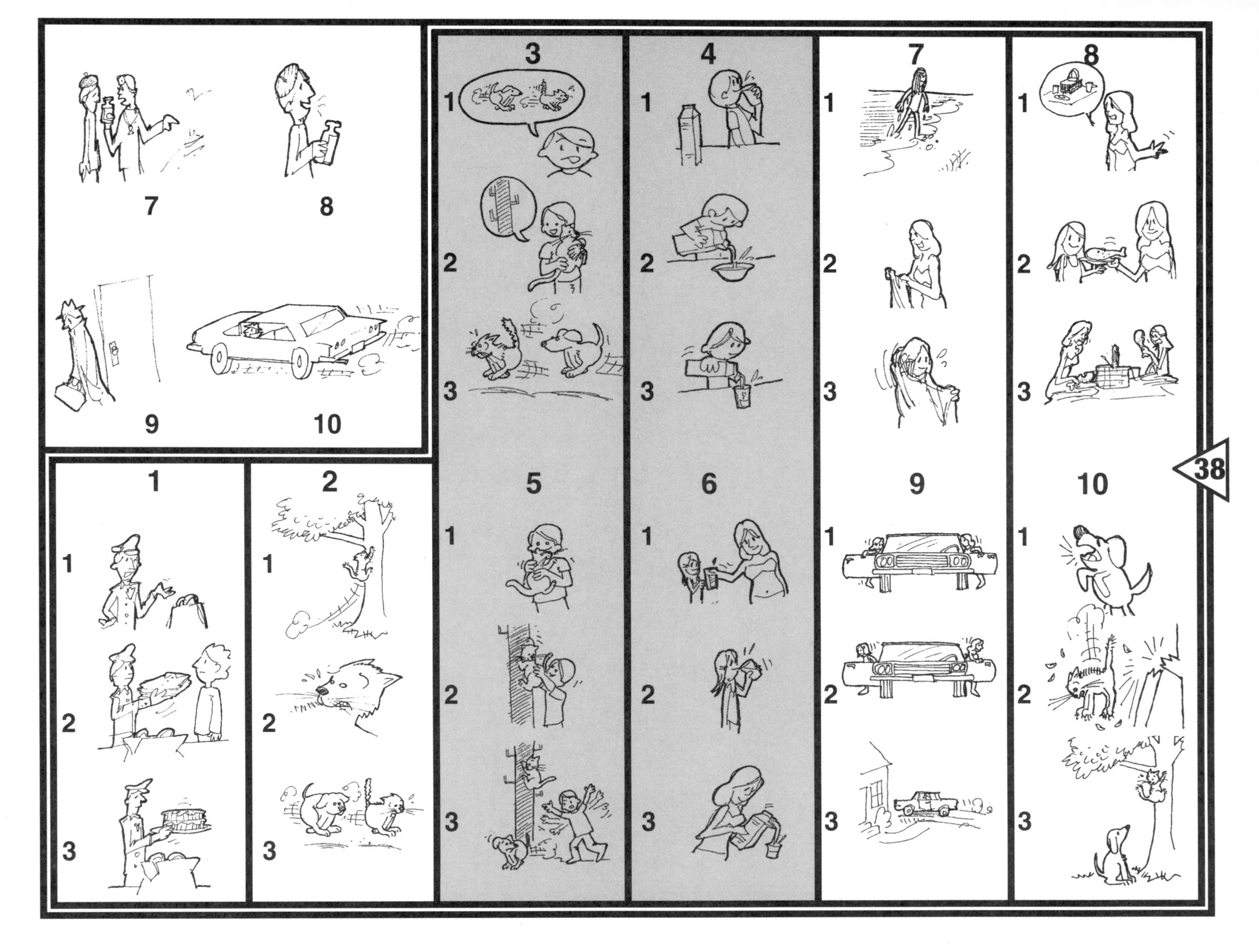
7
8
9
10
1
1
2
3
2
1
2
3
3
1
2
3
5
1
2
3
4
1
2
3
6
1
2
3
7
1
2
3
9
1
2
3
8
1
2
3
10
1
2
3

19

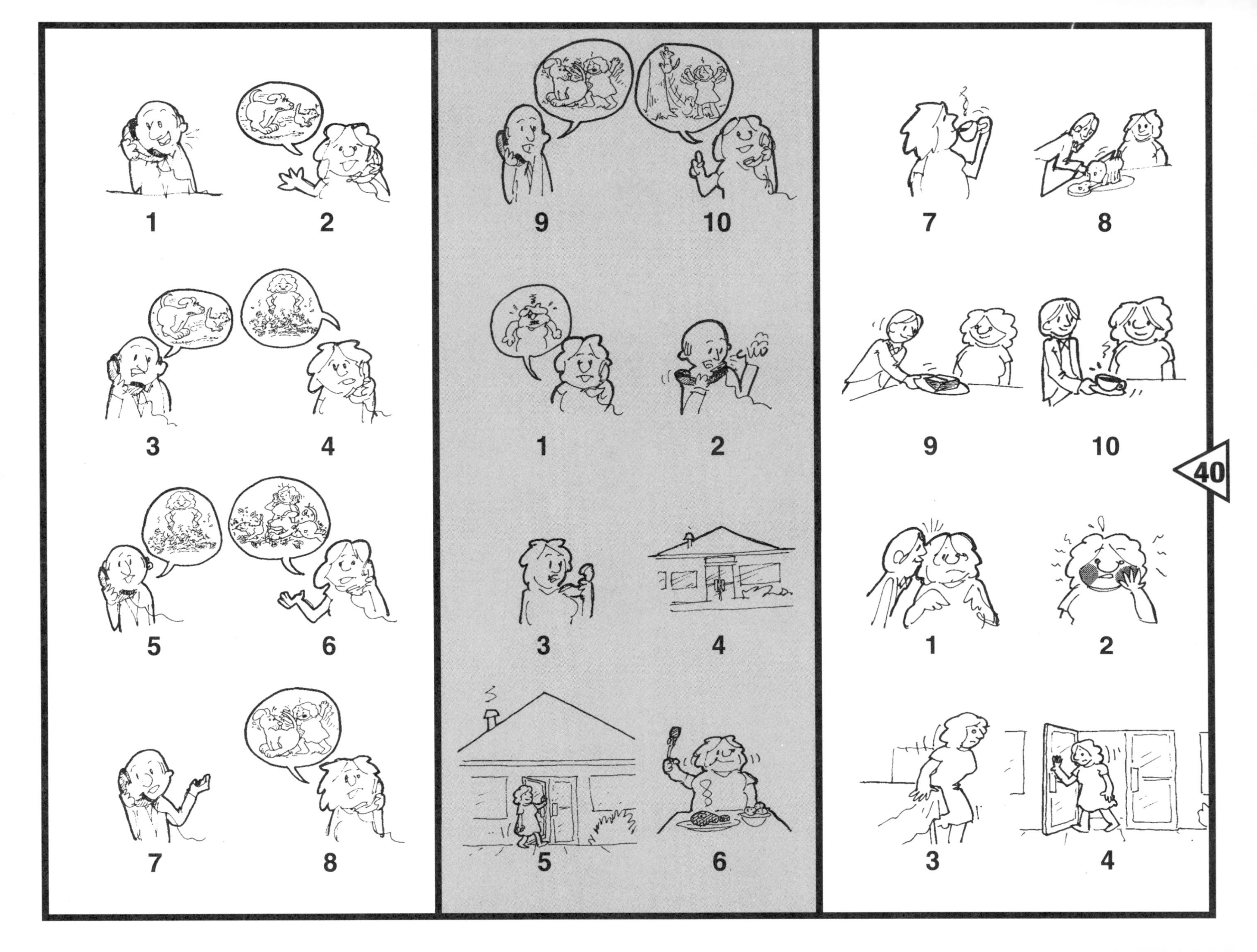
1
2
3
4
5
6
7
8
9
10
1
2
3
4
5
6
7
8
9
10
1
2
3
4
40

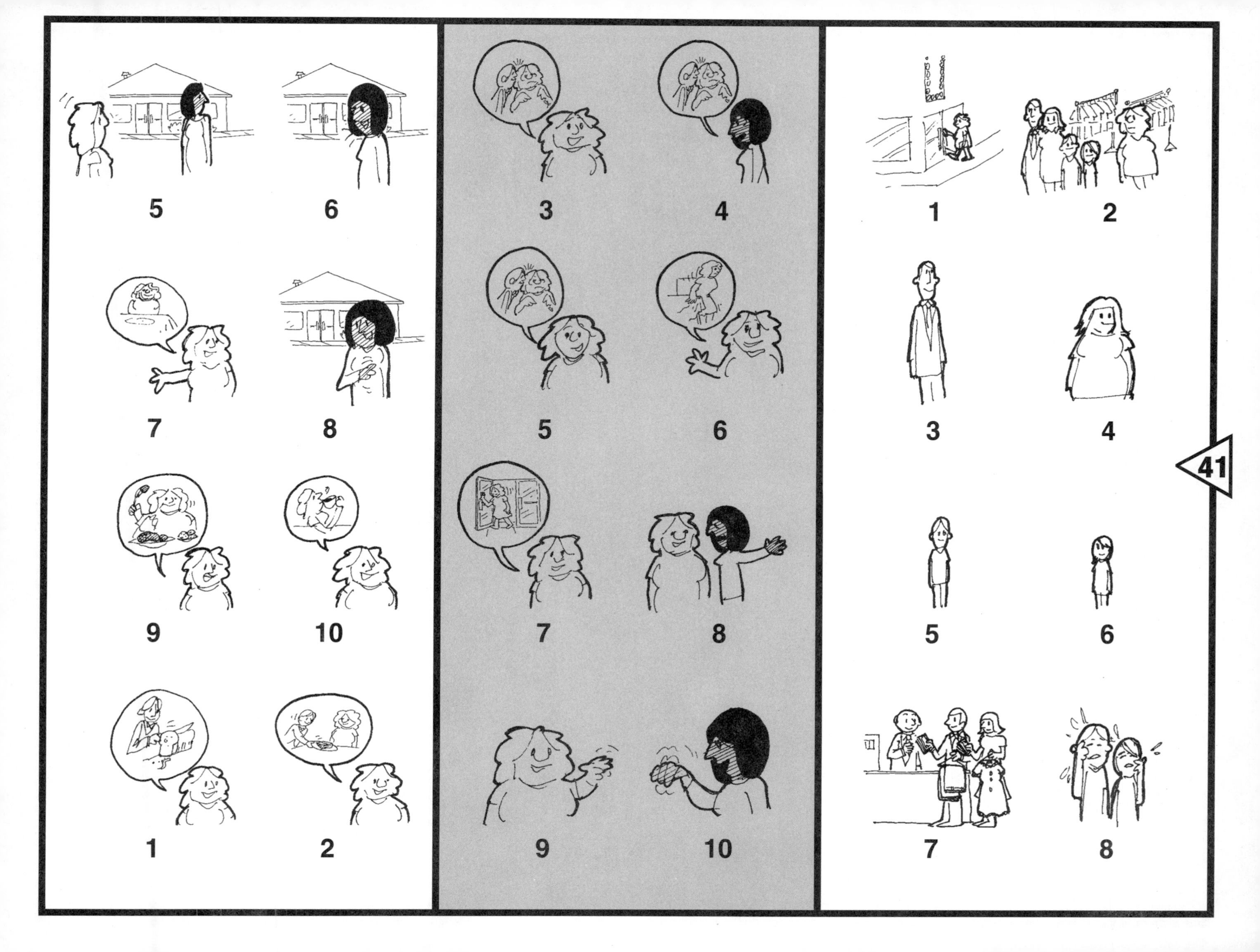
5
6
7
8
9
10
1
2
3
4
5
6
7
8
9
10
1
2
3
4
5
6
7
8
41

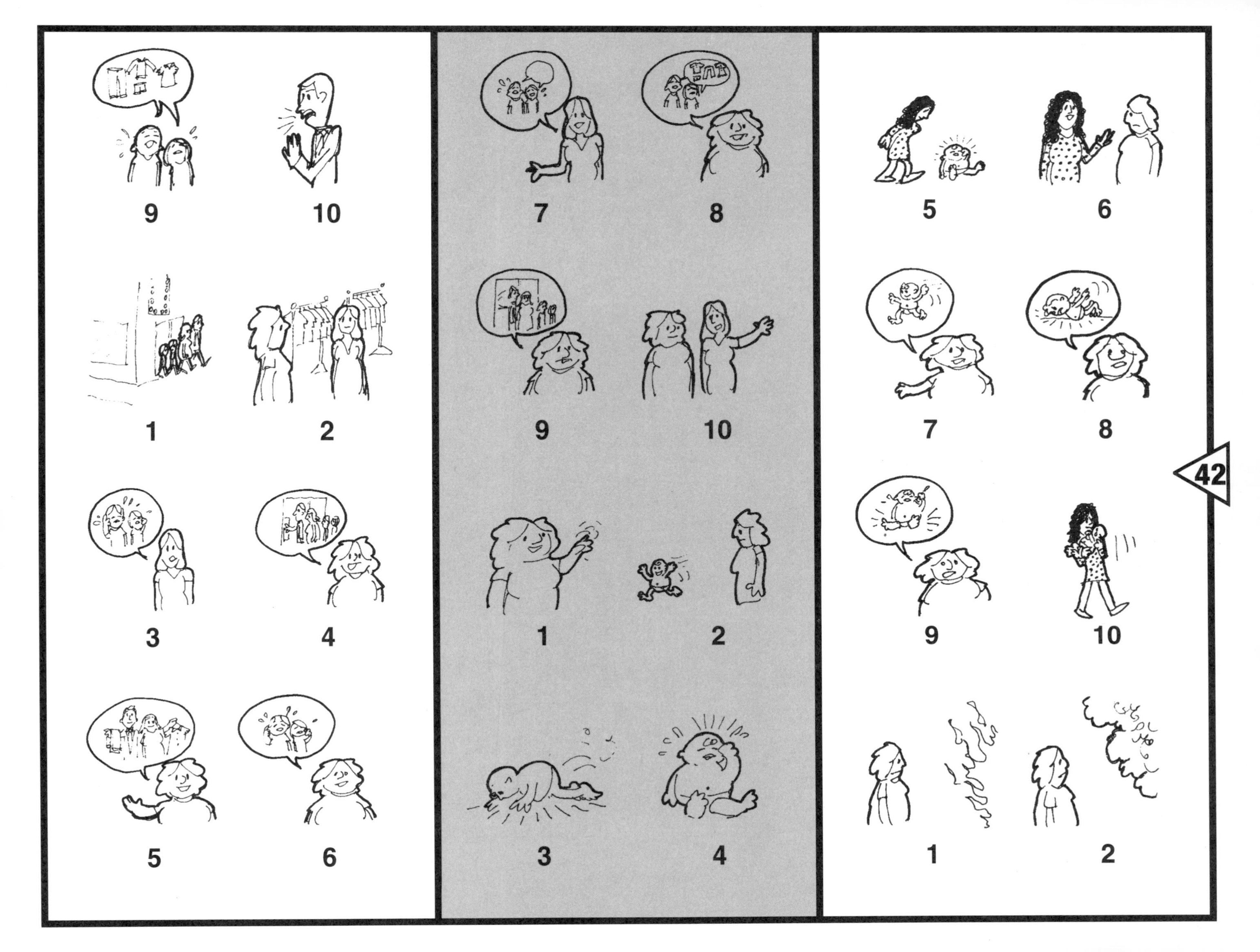
9
10
1
2
3
4
5
6
7
8
9
10
1
2
3
4
5
6
7
8
9
10
1
2
42

3
4
5
6
7
8
9
10
20
1
2
3
4
5
6
7
8
9
10
1
2
?
!

3
4
5
6
7
8
9
10
1
2
3
4
5
6
7
8
9
10
1
2
3
4
5
6
44

7
8
9
10
1
2
3
4
5
6
7
8
9
10
1
2
3
4
5
6
7
8
9
10
45

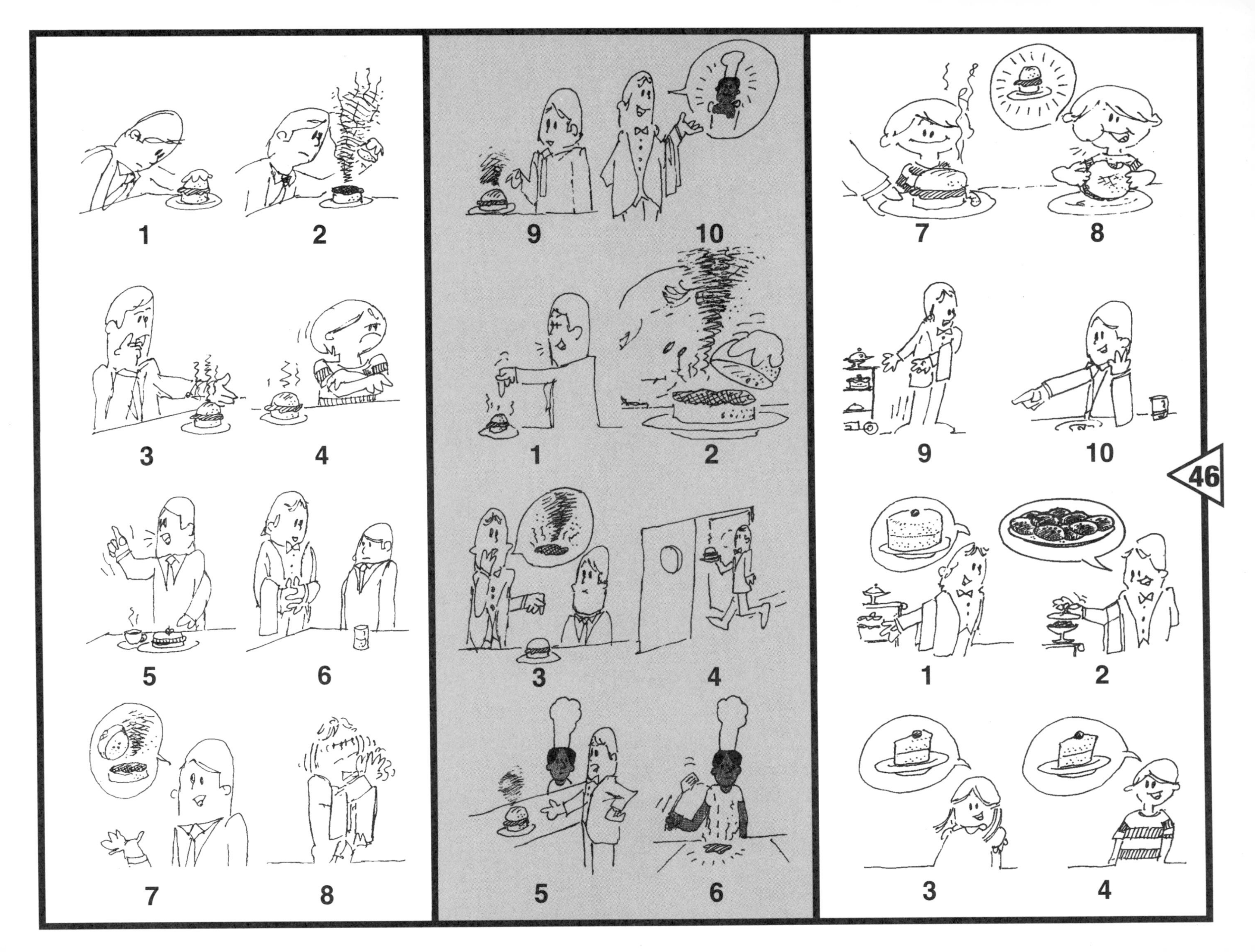
1
2
3
4
5
6
7
8
9
10
1
2
3
4
5
6
7
8
9
10
1
2
3
4

5
6
7
8
9
10
1
2
3
4
5
6
7
8
9
10
1
2
3
4

5
1
2
3
6
1
2
3
9
1
2
3
10
1
2
3
7
1
2
3
8
1
2
3
X19
1
2
3
4
48
5
6
7
8

9
10
1
2
3
4
5
6
7
8
9
10
1
2
3
4
5
6
7
8
9
10
1
2

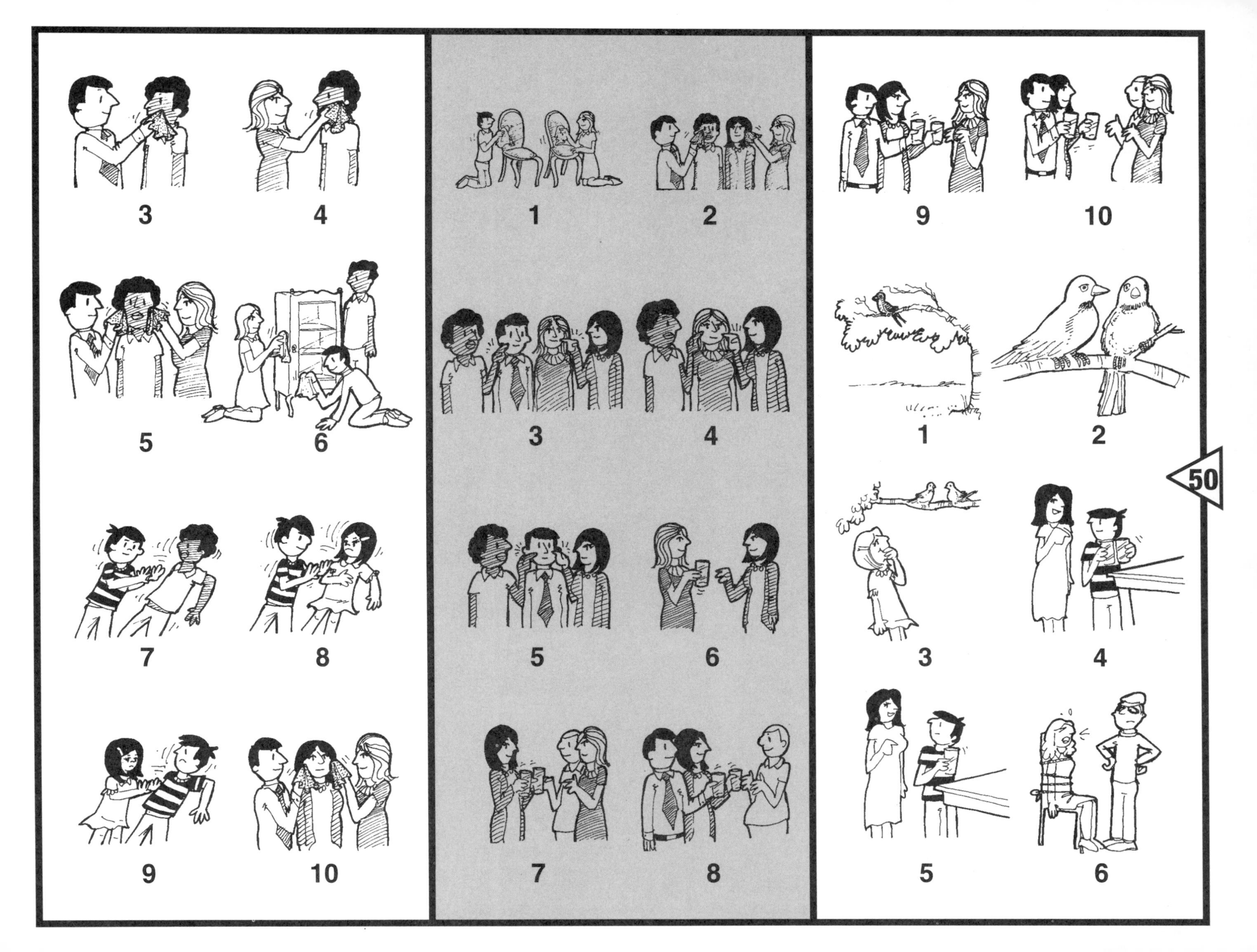

3
4
5
6
7
8
9
10
1
2
3
4
5
6
7
8
9
10
1
2
3
4
5
6
50

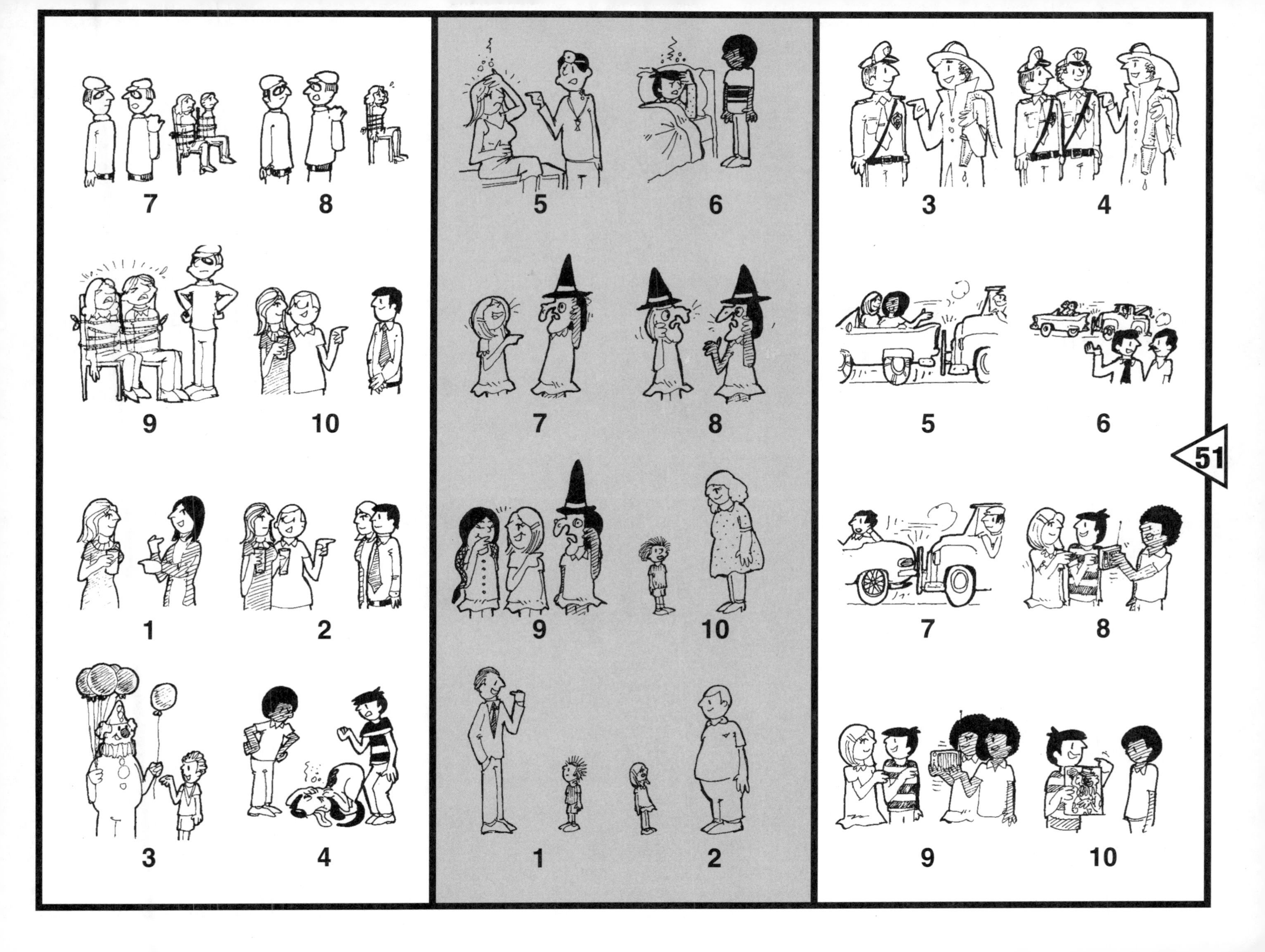
7
8
9
10
1
2
3
4
5
6
7
8
9
10
1
2
3
4
5
6
7
8
9
10
51

1
2
3
4
5
6
7
8
9
10
1
2
3
4
5
6
7
8
9
10
x20
52

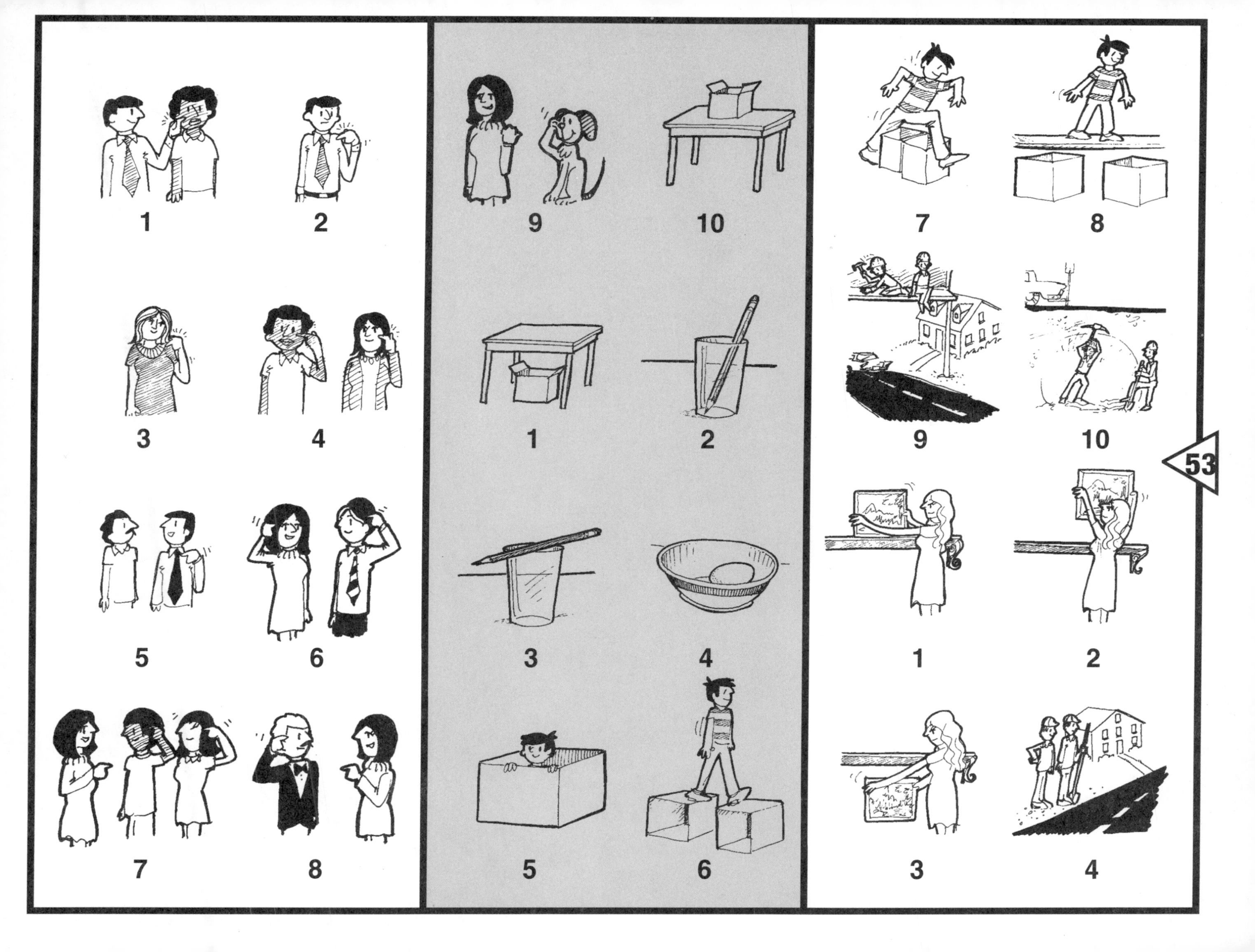
1
2
3
4
5
6
7
8
9
10
1
2
3
4
5
6
7
8
9
10
1
2
3
4
53

5
6
3
4
1
2
7
8
5
6
3
4
54
9
10
7
8
5
6
1
2
9
10
7
8

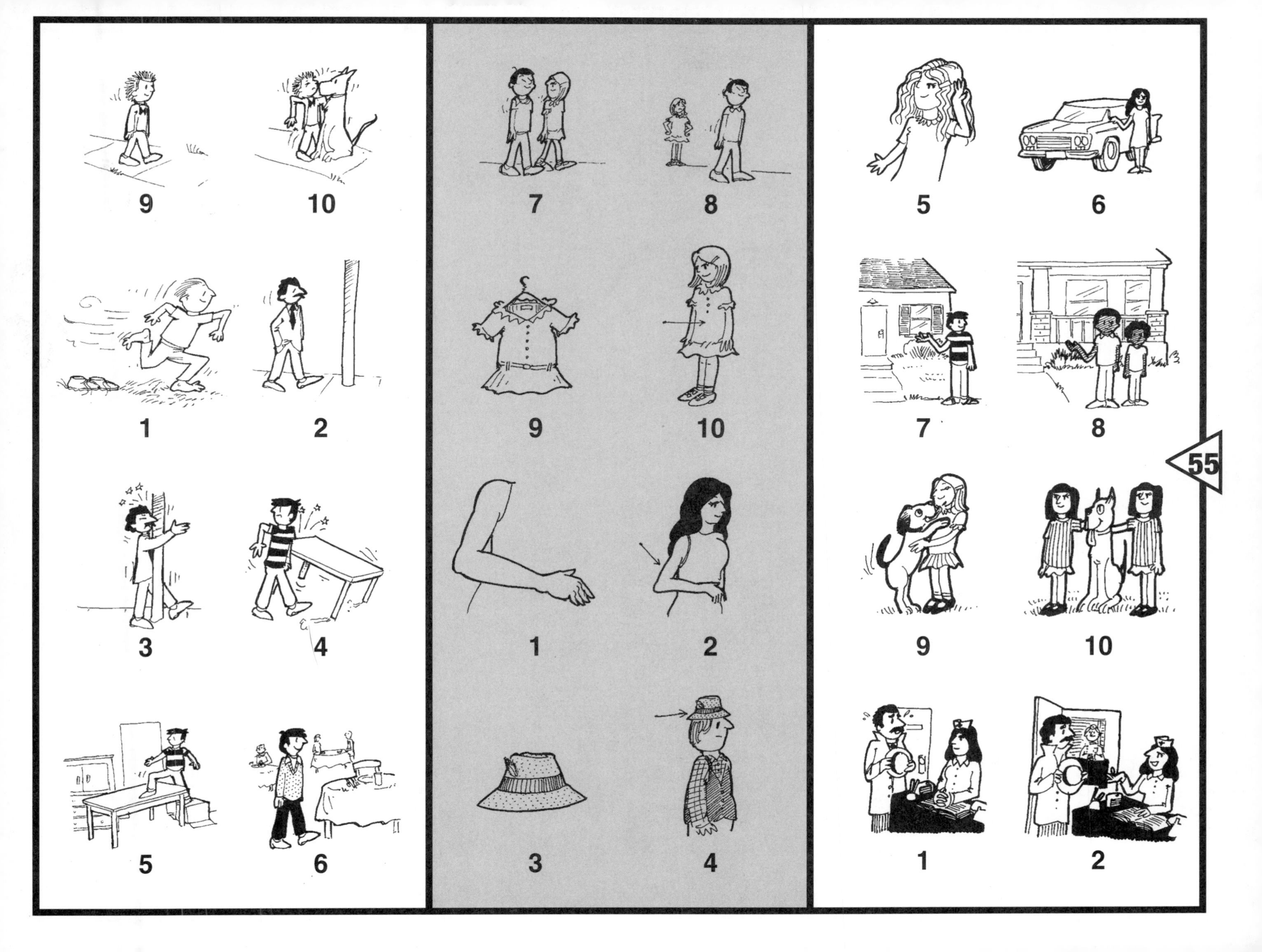

9
10
1
2
3
4
5
6
7
8
9
10
1
2
3
4
5
6
7
8
9
10
1
2

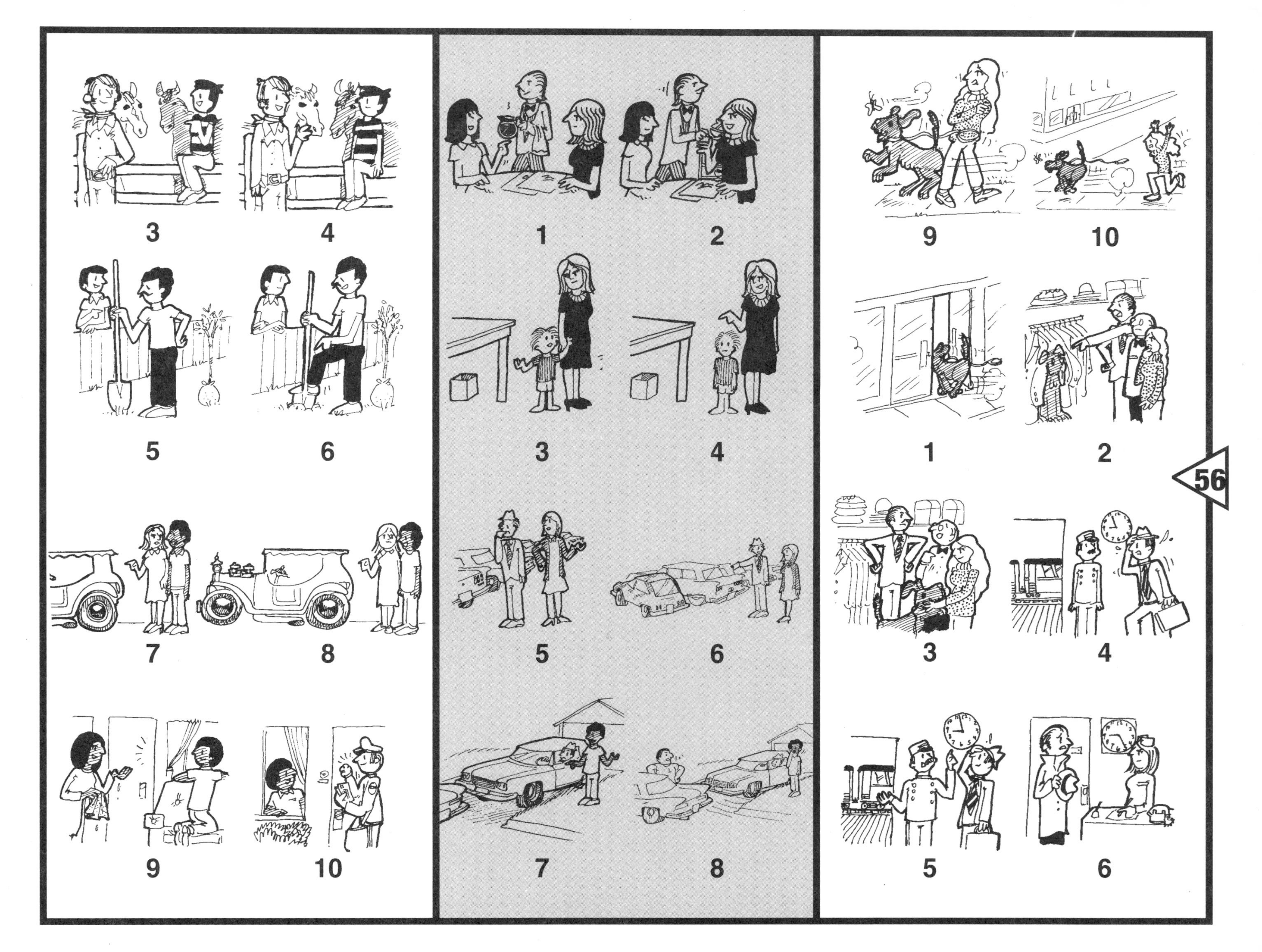
3
4
5
6
7
8
9
10
1
2
3
4
5
6
7
8
9
10
1
2
3
4
5
6
56

57

11-12	13-14	15-16	17-18	19-20	X19-X20
1...3	1...3	1...2	1...2	1...3	1...2
2...3	2...1	2...2	2...1	2...2	2...3
3...2	3...2	3...3	3...1	3...3	3...2
4...1	4...1	4...1	4...2	4...1	4...1
5...1	5...3	5...3	5...3	5...1	5...3
6...2	6...3	6...2	6...1	6...2	6...2
7...1	7...1	7...3	7...3	7...2	7...3
8...3	8...3	8...2	8...3	8...3	8...1
9...1	9...2	9...1	9...2	9...3	9...3
10...2	10...1	10...3	10...3	10...2	10...1

You are now ready for the next book in this series.

Call or write to request information

International Linguistics Corporation
12220 Blue Ridge Blvd. Suite G
Kansas City, Missouri 64030-1175 USA

800-237-1830 In Missouri - 816-765-8855
www.learnables.com

International Linguistics Corporation